生命中的电影课

王晓琳 韩玉奎 编著

(Ⅲ)

shengming

zhong

de

dianyingke

中原出版传媒集团
中原传媒股份公司

大象出版社

图书在版编目(CIP)数据

生命中的电影课. Ⅲ / 王晓琳, 韩玉奎编著. —— 郑州：大象出版社, 2021.1
ISBN 978-7-5711-0737-6

Ⅰ. ①生… Ⅱ. ①王… ②韩… Ⅲ. ①电影艺术-中小学-教学参考资料 Ⅳ. ①G634.950.3

中国版本图书馆 CIP 数据核字(2020)第 159832 号

生命中的电影课　Ⅲ
SHENGMING ZHONG DE DIANYING KE Ⅲ
王晓琳　韩玉奎　编著

出 版 人	汪林中
责任编辑	梁金蓝
责任校对	牛志远
封面设计	刘　民
版式设计	唐若冰

出版发行	大象出版社(郑州市郑东新区祥盛街 27 号　邮政编码 450016)
	发行科　0371-63863551　总编室　0371-65597936
网　　址	www.daxiang.cn
印　　刷	新乡市豫北印务有限公司
经　　销	各地新华书店经销
开　　本	640 mm×960 mm　1/16
印　　张	11.5
字　　数	117 千字
版　　次	2021 年 1 月第 1 版　2021 年 1 月第 1 次印刷
定　　价	30.00 元

若发现印、装质量问题，影响阅读，请与承印厂联系调换。
印厂地址　新乡县翟坡镇兴宁村
邮政编码　453000　　　　电话　0373-5635065

前 言

一、为什么要开发中小学生命教育电影课？

中小学生命教育电影课程体系是根据新型冠状病毒肺炎疫情期间的特殊背景与不同年龄阶段孩子们的心理发展特点，结合现实生活和学习中面临的各种问题，运用优秀电影故事的力量引领孩子们道德和心理发展、提升生命境界和人格素养而精心设计的电影课程。

2020年年初全国新型冠状病毒肺炎疫情使我们大多数人居家隔离，在家里虽然可以上网课，但还是关不住孩子们的心。孩子们在家里进行网络学习，不仅要应对知识学习问题，还要面临学习习惯的养成及良好心态和情绪的调整等问题，优秀电影具有加强生命教育、爱国主义教育、社会责任感教育、生态文明教育等功能，可以帮助孩子们顺利战胜疫情期间的挑战。

影视素来与教育关系紧密。影视作为一种媒介，承载着丰富的内容，传递着价值观、世界观、人生观中的重大主题，具有非常强大的思想性和感染力。而经典电影传递的信息具有共通性，其经典之处在于时刻关注人类自身命运中的某些重大主题。看经典电影不仅能让孩子们与故事中的人物产生强烈的共情，而且能引导他们思考自身的处境和问题，进而积极调整自己的生活状态。优秀影视作品对于中小学生的理想信念和正确的世界观、价值观、人生观的形成具有重大教育意义。

疫情既是现实的灾难，又是对孩子进行教育的契机和素材，有助于增强孩子们的生命意识，提升他们的国家民族观、生态价值观及强烈的社会责任感，培养他们成为有担当、有理想、有信念的时代新人。

二、课程设计思路

1. 三学段九阶梯

从小学一年级到高中三年级，我们的课程体系在内容设计上规划为三个学段九个阶梯。小学学段包括小学低段、小学中段、小学高段，初中学段包括初中一年级、初中二年级、初中三年级，高中学段包括高中一年级、高中二年级、高中三年级。

每一学段的电影主题包括自我认同、家国情怀、社会责任、生态文明、家庭关系、家校共育六大板块。由于孩子们在成长的不同阶段具有不同的心理发展和身体发育特点，又遭遇不同的现实情况和问题，我们会提出不同阶梯的具体要求。

每个阶梯根据学生特点设计6部（部分5部）电影，每部电影针对一个典型问题，共53部电影，引导孩子生命成长。

2. 电影数目

每个阶梯我们精选 6 部（部分 5 部）电影，通过电影帮助孩子们面对问题，解决问题，获得成长的力量。

3. 电影选择

在电影选择方面，我们重点强调对学生进行爱国主义教育，培养他们的社会责任感，并积极宣传生态文明，让学生养成积极健康的心态和习惯。我们精选中宣部、教育部推荐的中国优秀儿童电影，加强中国传统文化教育，弘扬中华民族精神；又精选了世界电影宝库中的经典电影，引领孩子具有国际视野和人文情怀。

三、课程内容

1. 小学低段

小学一、二年级孩子们的特点是有"我要做个好孩子"的强烈愿望，比较听老师的话，但是他们在习惯养成方面还有欠缺，在自制力方面需要加强，在社会情感方面需要引导，所以我们精选了 6 部电影引导孩子们认识自我，学会独立，培养团队精神与合作意识，养成良好的习惯与正确的自然观，处理好与家长、老师的关系。

小学低段			
《悬崖上的金鱼姬》	主题：自我认同	选择理由：缓解焦虑
《101斑点狗》	主题：团队精神	选择理由：集体的力量
《小绳子》	主题：社会责任	选择理由：爱与责任
《龙猫》	主题：自然情怀	选择理由：爱的转移
《宝莲灯》	主题：亲子关系	选择理由：承担责任
《没头脑和不高兴》	主题：家校共育	选择理由：良好习惯

《悬崖上的金鱼姬》：疫情特殊时期，孩子们有恐惧也有焦虑，电影解决的是孩子们认识自我和心理焦虑的问题，让孩子们通过积极的心理想象走出内心的困境，获得内在的成长。电影也涉及生态环境保护等重大主题。

《101斑点狗》：疫情期间，虽然孩子们被困在家中，但是抗疫是集体行为和全民行动，需要具有强烈的集体主义精神。电影《101斑点狗》让孩子们懂得互助互爱，依靠集体和团队的力量获得成功的道理，有利于引导孩子们走出自我中心主义的误区。

《小绳子》：这是一部关于爱与责任的电影。疫情无情人有情，正因为我们每个人都献出了心中小爱才有了社会和国家的大爱。《小绳子》这部电影引导孩子们懂得怎样给别人提供合适有益的帮助，并在自我奉献的过程中获得良好的自我认同，明白生命的价值和意义。

《龙猫》：这部电影既有对生态环境的思考，更有对成长的关照与守护。电影中有优美的自然风光，有来自大自然的神奇动物龙猫，更有给予主人公小梅和小月各种关爱的邻居和亲人。

《宝莲灯》：这是一部孩子承担责任去救助父母的电影，电影充满了勇敢和力量。

《没头脑和不高兴》：这是一部关于如何督促孩子养成良好习惯的电影。

2. 小学中段

小学中段孩子们的特点是学习内容增多，难度加深，他们心理上要求独立的意识越来越强，开始学会独立思考问题。但是他们情绪还不稳定，心态也不成熟。疫情时期居家的孩子不仅容易与家长产生冲突，而且兄弟姐妹之间也容易爆发大大小小的"战争"。针对疫情时期居家学习的特殊情况，我们精选了6部电影，侧重于对孩子们进行情绪引导，指导他们正确处理各种家庭关系，培养他们独立思考的良好习惯和能力，并让孩子自觉爱护野生动物，爱国爱家爱自然，独立自主能承担。

小学中段		
《头脑特工队》	主题：自我认同	选择理由：控制情绪
《夺冠》	主题：家国情怀	选择理由：爱国情怀
《疯狂动物城》	主题：社会责任	选择理由：责任与承担
《熊猫回家路》	主题：自然情怀	选择理由：爱护自然
《宝贝老板》	主题：家庭关系	选择理由：兄弟姐妹
《宝葫芦的秘密》	主题：家校共育	选择理由：成功无捷径

《头脑特工队》：疫情期间，孩子们的情绪容易失控，为了引导孩子们学会控制情绪，我们推荐了《头脑特工队》。这部电影通过如何调控情绪的故事让孩子们懂得情绪控制的重要性，学会

控制情绪是人成长和成熟的表现。

《夺冠》：疫情是一场严峻的考验，考验的是中华民族的凝聚力和爱国情怀，考验的是中华儿女的责任与担当。电影《夺冠》正是这样一部凝聚爱国热情、强调责任和担当的作品。

《疯狂动物城》：这部电影以拟人的方式让我们学会如何接纳，如何尊重不同，如何具有责任和担当。

《熊猫回家路》：疫情对我们的警示之一就是正确处理人与自然、人与各物种之间的关系，特别是与野生动物之间相处的模式。护送熊猫回家，也是守护我们人与动物之间的界限。

《宝贝老板》：疫情期间如何处理家庭中的关系呢？电影让孩子学会相互接纳，学会相互帮助、相互成全，是一部关于家庭教育和社会思考的绝佳影片。

《宝葫芦的秘密》：疫情期间在家上网课的孩子，如何做到自律与自制？成功没有捷径，唯有努力与坚持。电影教给孩子们的道理会让他们受用终身。

3. 小学高段

小学高段学生的特点是思维力有极大的提升，思想道德也有良好的发展。这一阶段的电影课侧重于让他们形成良好的道德品质，培养他们的担当精神和责任意识，提供给他们战胜困难和挫折的勇气。我们精选的 6 部电影涉及培养良好道德品质、思考生命的价值与意义、敢于面对困难与承担责任等重大主题。

小学高段		
《木偶奇遇记》	主题：自我认同	选择理由：良好品质
《城南旧事》	主题：家国情怀	选择理由：北京往事
《夏洛的网》	主题：社会责任	选择理由：相互成就
《小飞象》	主题：自然情怀	选择理由：热爱自由
《狮子王》	主题：家庭关系	选择理由：承担责任
《草房子》	主题：家校共育	选择理由：战胜苦难

《木偶奇遇记》：疫情期间在家上网课的孩子在缺少监督的情况下更需要自我管理，自我监督，加强自律。电影《木偶奇遇记》中，我们看到逃学、与坏孩子混在一起、撒谎等有各种问题的皮诺曹，通过各种奇遇认识到自身的问题并加以改正。电影对孩子们加强自律、培养良好品格再合适不过了。

《城南旧事》：唤起了我们对老北京的热爱及爱国之情。长亭外，古道边，芳草碧连天，这是一种亘古不变的感情。

《夏洛的网》：电影中的夏洛用自己的生命挽救了小猪威尔伯，威尔伯又救助了夏洛的子孙后代。这既是生命的意义和价值，又是美好精神的传承。在武汉"战疫"期间，我们看到那么多逆行的英雄，那么多的人不顾自身安危投入到这场战役中，他们都是最美的夏洛。那么我们不妨问问孩子："你是谁的夏洛？"

《小飞象》：电影中的小飞象在大多数动物眼中是个怪物，但是在妈妈和爱它的人眼中就是一个奇迹。小飞象能创造的奇迹是爱，它对妈妈的爱以及人们对它的爱。爱是战胜这个世界上所有困难的强大力量——爱，送小飞象回家；爱，也送千千万万的你我回家。

《狮子王》：电影是一个关于迷失自我的故事，也是一个学会责任和担当的故事。电影告诉我们，在困难来临时，不能逃避，不仅要勇敢面对，而且要主动担当。疫情是困难，更是考验，每个孩子都像辛巴一样在考验中成长。

《草房子》：这是一部关于面对挫折如何获得成长的电影。电影中的几个孩子每个人都有无法回避的困境，但他们敢于面对并获得了成长。疫情时期，我们就像电影中的桑桑，就像电影中的陆鹤，也会像杜小康一样在挫折中成为最有出息的少年。

4. 初中一年级

升入初中，孩子的学习任务不仅加重，而且进入了青春叛逆期，所以他们面临的不仅是学习上的高标准严要求，更多的是来自内部的较量。对于初中一年级的孩子，我们应该在心理上加以引导，既要让孩子具有家国意识，勇担责任，又要让他们学会走出叛逆情绪，成为理性并具有人文情怀的人。

初中一年级		
《单车少年》	主题：自我认同	选择理由：叛逆情绪
《孔子》	主题：社会责任	选择理由：责任与担当
《千与千寻》	主题：自然情怀	选择理由：成长与关切
《伴你高飞》	主题：家庭关系	选择理由：陪伴与突破
《地球上的星星》	主题：家校共育	选择理由：问题与成长

《单车少年》：初中阶段的孩子是最难管理的，一方面他们自我意识和独立精神觉醒，另一方面家庭亲情的缺失会放大他们的

心理问题。疫情期间，有很多家庭因为孩子的各种问题遇到意想不到的考验。电影既引导家长、社会多给予孩子关心和关怀，又引导孩子坚强坚毅，走出叛逆困境。

《孔子》：电影中的孔子心怀天下，勇于承担国家责任，把个人生死置之度外。孔子的道德修养和良好操守给孩子们树立了人格榜样，孔子的爱国思想也是传承两千多年的中华传统思想的精华。越是国家处于危难之时，越需要强大的爱国情怀和责任担当精神。

《千与千寻》：电影有多重主题，重要的是寻找自我，给自己定位。电影还涉及环保和生态文明等重大主题。

《伴你高飞》：电影中一个失去母亲的孩子在心理上自我封闭，父亲的陪伴引导让孩子不仅走出自我，而且开始关心自然，关心社会。疫情期间，对孩子的正确引导不仅在于亲子之间的关照、朋友之间的温暖，更在于人文精神和人文情怀的培养。

《地球上的星星》：电影中的孩子自身有学习方面的困难和障碍，但是家长和孩子都不知道真正的问题是什么，造成了教育上的很多失误。电影引导我们去关注每一位处于困境中的孩子，给予他们想要的帮助。

5. 初中二年级

初二的孩子仍然面临学习、身体、心理等方面的考验，最容易放松，最容易出问题。所以这一阶段电影课程的主题侧重于心理上的正确引导，从思想上积极激励他们的责任与担当意识，通过电影让孩子们成长为具有正确理想信念和良好意志品质的少年。

初中二年级		
《哪吒之魔童降世》	主题：自我认同	选择理由：积极的心理品质
《我的1919》	主题：家国情怀	选择理由：个人选择与国家命运
《一个都不能少》	主题：社会责任	选择理由：关爱他人与坚守底线
《大鱼海棠》	主题：自然情怀	选择理由：人与自然的关系
《狗十三》	主题：家庭关系	选择理由：沟通与成长
《银河补习班》	主题：家校共育	选择理由：认可与鼓励

《哪吒之魔童降世》：这是一部关于自我定位与寻找自我的电影。电影中哪吒的命运是早已注定的，他是魔丸转世，必定为世人所不容。一出生就带有悲剧色彩的哪吒不认命并努力与命运相抗争，从而重新获得身份认同，并把命运的自主权握在自己手中。电影对孩子们具有积极的引领作用，每个人身上的很多标签不能选择，但是人生的道路和发展方向是可以自己决定的。

《我的1919》：这是一部关于个人命运与国家命运紧紧绑在一起的励志电影。当时中国驻美国公使、签订《巴黎和约》的全权代表顾维钧作为第一主人公，拒绝在出卖中国领土和主权的《巴黎和约》上签字，表现了中华民族的尊严，讴歌了中国人民以弱抗强、威武不屈的精神。国家在危难时刻，只有维护国家的尊严，才会赢得个人的尊严。

《一个都不能少》：电影中13岁的女孩子成了28个孩子的代课教师，虽然她只会唱一首歌，也不懂得如何表达，但她坚守的底线是一个都不能少。每个时代、每个特殊时期都会有一群人坚守最简单的法则，正是这种坚守成就了伟大的人生。诚如那些奋战在抗疫前线的医护人员，他们不计得失，不顾生死，勇赴危难，才让我们有了拥抱春天的机会。

《大鱼海棠》：电影既有对神话故事的重新演绎与表达，又有每个人在寻找自我的过程中对他人、对社会、对世界的重新定义和认知，更有对成长的守护。电影中的神灵是天地自然的代表，守护天地的规则就是守护人与自然的和谐。

《狗十三》：电影有成长的疼痛，家庭教育的缺失。面对叛逆的女儿，父亲有手足无措的慌乱，也有错误的做法。电影讲述了成长的代价，也给父母和孩子上了深刻的一堂课。孩子如何与父母有效地沟通而不是只关注自身？父母如何给孩子提供真正有意义的帮助？电影为父母和孩子提供了良好的启示。

《银河补习班》：电影中的小主人公虽然小时候被老师认为不是很聪明，但是父亲懂他。父亲为了给孩子树立良好的榜样，把个人的遭遇和不幸埋入心底，坚定地陪伴儿子成长。这种陪伴不是物质的满足，而是给予孩子精神上的支持，对孩子自由抉择的人生目标加以推动。

6. 初中三年级

初三的孩子一方面面临升入高中的学业压力，另一方面疫情又给他们带来巨大的心理压力，所以这一阶段我们应侧重于对他们进行心理疏导，加强励志教育，引导孩子正确处理人与自然、人与人的关系，让他们理解父母的艰辛，懂得承担家国的责任。我们精选了6部电影，通过电影引领生命的成长。

初中三年级		
《叫我第一名》	主题：自我认同	选择理由：点亮人生
《冲出亚马逊》	主题：家国情怀	选择理由：爱国主义
《烈火英雄》	主题：社会责任	选择理由：责任与担当
《虎兄虎弟》	主题：自然情怀	选择理由：思考与转折
《寻梦环游记》	主题：家庭关系	选择理由：理解与支持
《跳出我天地》	主题：家校共育	选择理由：追逐与守护

《叫我第一名》：这是一部引导孩子走出人生困境的电影。电影主人公有生理缺陷，但是他坚持理想，勇敢面对，不惧挫折。电影给孩子们的人生启示是：不要让任何困难挡住你追求梦想的脚步。

《冲出亚马逊》：电影具有中国特色，展现了强烈的爱国情怀和为国争光的强大信念。电影也具有世界视野，电影的拍摄走出了中国，演员跨越了人种和肤色，故事在宏大的背景下展示了中国军人的责任和担当，对孩子们具有极好的教育意义。

《烈火英雄》：每一个职业都有每一个职业的责任和担当。电影《烈火英雄》中的消防官兵在危急时刻置生死于度外，把责任和使命扛在肩上，成为危险时刻的逆行者。正是他们的勇敢和无畏才换来我们和平和宁静的生活，电影让孩子们深刻感受到责任与担当的意义所在。

《虎兄虎弟》：电影中两只小老虎的命运也象征着我们对大自然态度的转变，由疯狂掠夺到反思与和解。但是这条路十分艰辛和漫长，需要一代又一代的人去努力。电影中关于动物与大自然、友谊与家庭、人类与野生动物之间的关系对孩子极具启发意义。

《寻梦环游记》：电影具有浓郁的墨西哥风情，电影中小男孩寻梦的故事会发生在每一个孩子身上，所以电影会引起孩子们强烈的情感共鸣。电影中的一家人在对待孩子追梦的问题上，有误解，有阻挠，但最终还是给予了认可与成全，这对于大多数家庭中的亲子关系具有重要的启示作用。

《跳出我天地》：电影中家人对于主人公比利追求异于常人的梦想给予了极大的支持。为了儿子能够顺利进入皇家舞蹈学院学习，父亲选择放弃罢工，开工挣钱，做一个曾经让自己都鄙夷的工会叛徒。舞台上的《天鹅湖》就要奏响，另一幕中传送机正将父亲和哥哥送下矿井。家人的努力，给予青云直上的小比利强大的亲情支持，让他梦想成真。电影启示孩子们，越是在困难和危机时刻，越能彰显出血浓于水的亲情力量。

7. 高中一年级

高一的前半年，孩子们有一个学习方式的转变和爬坡，他们面临着要适应高中生活的考验。高一后半年面临的文理分科的选择，可以说是比较重大的选择。所以这一阶段的电影我们既注重心理的引导，又注意他们职业选择和人生规划的引导，同时要关注校园安全和社会责任，培养孩子的国际视野与人文情怀。我们精选了 6 部电影，通过电影解决他们面临的各种问题，引领他们成长。

高中一年级		
《少年的你》	主题：自我认同	选择理由：校园欺凌
《横空出世》	主题：家国情怀	选择理由：科技强国
《阿甘正传》	主题：社会责任	选择理由：全心全意
《阿凡达》	主题：自然情怀	选择理由：人文精神
《钢的琴》	主题：家庭关系	选择理由：理解亲情
《汪洋中的一条船》	主题：家校共育	选择理由：共渡难关

《少年的你》：电影真实呈现了一部分孩子的现实处境，呈现了学校的另一类生活状态。学生之间有欺凌，也有欺凌之下的反抗与救赎。由于他们都是孩子，法律意识模糊，生命观念淡薄，可能做出超越常人想象的行为。但每个孩子的成长都需要我们去呵护，那些受到校园欺凌的孩子也需要在心理疗愈后给自己一个全新的积极的人生定位。电影中的小北说：你保护世界，我保护你！这不仅是青春的伤痛，更是伤痛过后的坚强与豁达。

《横空出世》：这是一部弘扬爱国主义主旋律的电影，呈现了艰苦岁月中中国人的不屈精神，表达了中国知识分子浓烈的爱国情感。电影中的科技强国的理念在今天更具有现实意义。在疫情期间，正是我们每个人以身作则，正是每个人把个人命运与国家命运结合起来，才有了我们抗疫斗争的胜利，并获得很多国家的认同和称赞。

《阿甘正传》：电影中的阿甘虽然智商不如别人，身体也不如别人，一直被别人欺负和拒绝，但是他背靠深渊却长成了太阳般的人物。阿甘是一个简单又纯粹的人，是一个执着而坚守的人，是一个甘于承担责任并能付出行动的人。

《阿凡达》：电影中涉及的主题众多，但是导演卡梅隆把对自然、万物的爱融入这部电影里。电影不仅是让我们思考未来，也是展现现在的生态文明观与生态伦理观。

《钢的琴》：电影中的这架钢琴凝聚的不仅是父爱，更有父亲对女儿成长的期盼。父亲虽然物质上不富有，但是有足够供女儿健康成长的爱和精神力量。

《汪洋中的一条船》：电影中的主人公郑丰喜因为双脚残疾，饱受歧视，但他有爷爷的爱，有社会的关注，他战胜身体上的残缺以及心灵上的自卑，以积极阳光的心态向生活挑战。电影带给家长的思考是多方面的，带给孩子们的也是正能量。

8. 高中二年级

高中二年级是学生人生中一个重大的爬坡期，也是他们的青春期，有可能会出现谈恋爱、打架、盲目追星等各种问题。所以，这一时期电影课程的主题侧重于心理上疏导、行动上规范、规则上加强、理想信念上鼓励、人际关系上拓展等，我们精选了6部电影，通过电影引领他们成长。

高中二年级		
《心灵捕手》	主题：自我认同	选择理由：心灵解放
《战狼Ⅱ》	主题：家国情怀	选择理由：爱国情怀
《十月的天空》	主题：社会责任	选择理由：社会理想
《卡特教练》	主题：人生规划	选择理由：飞得更高
《逆光飞翔》	主题：家庭关系	选择理由：人间温暖
《老师·好》	主题：家校共育	选择理由：相互理解

《心灵捕手》：这是一部关于心理治愈的电影。电影中的主人公威尔因为在童年时受过心理创伤，长大后在内心封闭自己。电影中的老师肖恩用理解、接纳、宽容打开了威尔的心，让威尔获得了心灵解放，解锁了威尔的人生。对于在疫情中受过伤害的人们来说，更重要的是重建生活的信念和人生的信心。

《战狼Ⅱ》：电影充满了爱国主义情感，不仅让我们感受到祖国的强大和力量，也让每一位中华儿女获得了强烈的安全感和责任感。不论在何时、何地，身为中国人，每个人都要用实际行动为祖国增光添彩。

《十月的天空》：电影中中学生侯默把个人理想与国家命运联系在一起，这对孩子们来说就是最好的责任感教育。世界第一颗人造卫星由苏联成功发射升空，中学生侯默观看天上那个象征科技未来的奇异光束后开始了他的火箭梦和逐梦行动，十月的天空飘荡着少年梦、国家梦。

《卡特教练》：电影中的卡特教练不仅是铁血教练，更是一股强大的人生推动力。他的影响和推动改变了许多孩子的一生。电影启示成长中的孩子，敢于追逐梦想、敢于挑战不可能才会实现各种可能。我们每个人身边不一定会有卡特教练来引领我们，但是我们可以像卡特教练那样去思考、规划自己的人生。

《逆光飞翔》：电影告诉孩子们永远不要低估自己，闭上眼睛，跟随梦想的声音，你就可以成为下一个传奇。但是逆光飞翔时不仅需要来自内心的坚定，更需要来自父母朋友的温暖陪伴。

《老师·好》：这是一部少有的真实呈现高中师生关系的电影。电影以强烈的冲突和张力呈现了师生关系在高中三年发生的变化，这种变化不仅改变了老师的命运，也改变了每一位学生的命运。所以，师生之间要相互理解、相互成全。

9. 高中三年级

高中三年级的孩子既面临学习和考试的巨大压力，又面临职业的选择与困惑。在疫情蔓延的特殊时期，他们面临的压力更大，所以这一时期的电影我们不仅要加强对他们的心理疏导，更要注重他们人文精神的形成、国际视野的拓展，以及家国观念的深化和人生规划的引导。我们通过电影不但要引导他们学会独立理性地思考问题，还要引导他们积极勇敢地面对未来，懂得职业操守和社会责任。

高中三年级		
《攀登者》	主题：家国情怀	选择理由：爱国主义
《中国机长》	主题：社会责任	选择理由：职业与责任
《流浪地球》	主题：自然情怀	选择理由：生态文明观
《摔跤吧！爸爸》	主题：家庭关系	选择理由：亲子关系
《四个春天》	主题：家校共育	选择理由：爱与责任
《流感》	主题：社会关注	选择理由：疫情电影

《攀登者》：电影中流淌着强烈的爱国主义情怀。电影里的主人公不怕牺牲，他们一次又一次地和死神擦肩而过，为了中国的荣誉，他们奋不顾身。对于大多数人来说，《攀登者》给了我们答案："也许我们一辈子爬不上珠峰，但心中要有一座山，这座山不一定那么高，但一定要有这么一个目标。"

《中国机长》：电影是根据"川航 3U8633 备降成都"的真实事件改编而成的，刘长健机长和 8 名机组人员呈现了在特殊岗位上的勇敢与坚守。正是他们过硬的职业素养和大无畏的牺牲精神，才保障了乘客的安全。电影让孩子们深刻地理解了每一种职业都有它的责任和意义，都需要勇敢和担当。

《流浪地球》：这是一部属于中国人的科幻电影，电影涉及未来时空中大场景的灾难救援，所以电影主题和立意已经超越某一国家、某一民族的局限，放在了世界背景之下去思考国际救援——星际救援。这是一种大胆而深刻的尝试，电影带来的震撼和思考是：如果我们不珍惜地球，不珍惜环境，不珍惜人与自然的关系，那么未来何处去流浪？

《摔跤吧！爸爸》：电影中的父亲是一个伟大的父亲。在对女儿的教育问题上虽然有大男子主义倾向，有些专制和粗暴，但更有内心的热爱和对女儿未来发展的规划。女儿们的成功，是父亲教育的成功，也是父亲信念的成功。电影中也有父女间的冲突与较量，有陪伴与期许，有患难与共的成长。电影给父母和孩子们提供了思考和借鉴。

《四个春天》：电影中的故事跨越了四个春天，流淌的是连绵不断的生活温情。电影中许多生活场景让人泪目，虽然有失去，但创造了更多希望。电影让孩子们从平凡处理解生活，理解家庭，理解父母，理解爱与责任。

《流感》：这部电影是一定要推荐的。电影呈现了韩国一场传染性猪流感的暴发，疫情不仅考验了人性，考验了一个国家的医疗水平，考验了政府的组织与协调能力，更考验了国际社会对公共危机的处理与干预。结合2020年年初我国暴发的这场新冠肺炎疫情，电影带给我们多方面的比照与思考。但中国的疫情与韩国的流感不同之处在于，我们国家具有强大的组织协调能力，一方有难八方支援的社会担当，更具有不计报酬、不计生死的责任与情怀。

目　录

阶梯电影七 — 001

少年经风雨，成长遇彩虹——《少年的你》 — 003

干惊天动地事，做隐姓埋名人——《横空出世》 — 013

低调做人，高调做事——《阿甘正传》 — 021

各美其美，美美与共——《阿凡达》 — 029

热血难凉，青春有你——《钢的琴》 — 038

信念不倒，恣意航行——《汪洋中的一条船》 — 045

阶梯电影八 — 053

孩子，那不是你的错——《心灵捕手》 — 055

一朝是战狼，终身是战狼！——《战狼Ⅱ》 — 063

仰望星空，携梦前行——《十月的天空》 — 071

输掉的是比赛，赢得的是人生——《卡特教练》 — 080

心之所向，梦自远航——《逆光飞翔》　　　　088

致我们最好的时光——《老师·好》　　　　095

阶梯电影九　　　　103

世上无难事，只要肯攀登——《攀登者》　　　　105

敬畏生命，热血长空——《中国机长》　　　　111

巡天遥看一千河——《流浪地球》　　　　117

打破传统，实现梦想——《摔跤吧！爸爸》　　　　125

四个春天里的人生往事——《四个春天》　　　　134

灾难是对人性的拷问——《流感》　　　　146

后　记　　　　155

阶梯电影七

🎬 孩子在高一第一学期，有一个学习方式的转变和爬坡阶段，他们要经历适应高中生活的考验。高一第二学期又面临文理分科的选择，可以说是比较重大的选择。所以这一阶段的电影我们既要注重学生心理的引导，又要注意他们职业的选择和人生规划的引导，关注校园安全和社会责任，培养孩子们的国际视野与人文关怀。我们精选6部电影，通过电影解决他们面临的各种问题，并引领其成长。

少年经风雨，成长遇彩虹
——《少年的你》

河南省济源第一中学　焦丹丹

电影信息

导演：曾国祥

类型：剧情 / 爱情 / 犯罪

制片国家 / 地区：中国

上映时间：2019 年

荐影理由

　　成长是每个人都绕不过的旅程，是每个人都避不开的话题。每个人的成长过程就像化茧成蝶，在这个过程中，高中阶段仿若最后的挣扎，孩子们面临最繁重的学业，面临成人前青春期最狂热的躁动，面临来自家长和学校最大的期盼，面临对未来人生最艰难的抉择……这最后的挣扎是最痛苦的磨砺，只有经历了，战胜了，才有可能完成这最美好的成长。所以我们选择了电影《少年的你》，呈现了在艰难的境况下，主人公如何突破重围，完成成长的蜕变。电影有助于孩子们在这一阶段完成对自我的认知，顺利成长。

观影准备

1. 知识准备

什么是校园欺凌？

2. 活动准备

（1）搜集近三年的校园欺凌事件，观察此类事件的发展变化趋势。

（2）谈谈你对校园欺凌的看法，假如发生在你自己或身边的人身上，你会如何应对？

（3）找出关于此类案件的法律法规，研读这些法律法规。

电影精读

　　电影围绕即将长大成人的少年展开，有校园内即将高考的高中学生，有校园外无家可归的小混混。这些不同的少年有着各自的痛苦和无奈，有着各自的艰辛和问题，但是他们有一个共同的愿望就是变成大人。但是正如电影里所说的"从来没有一节课教我们如何变成大人"，所以在他们成长的路上有那么多的坎坷和成人社会也无法解决的问题，有那么多无法调和的矛盾冲突。这一路上风雨飘摇，有眼泪，有鲜血，但是当他们真正长大的时候，也会发现曾经有人拼命保护过他们，曾经的痛苦都是我们认识这个世界所必须承受的，最终与过去的自己达成和解，并最终热爱这个世界。

电影中主要展现的问题有三个：一是校园欺凌事件。所有置身这个事件中的学生、老师，以及应该为这件事负责的学校和社会。二是原生家庭的教育缺陷。三是成长中的少年如何应对成长过程中的各种问题，以及在这个过程中三观的确立、对自我和社会以及世界的认同。

校园欺凌

电影中女主人公陈念是一个即将高考的高三学生，她的同班同学胡小蝶因校园欺凌而跳楼自杀后，她成了下一个被欺凌的对象，只因她是唯一一个在胡小蝶死时为胡小蝶盖上校服的人，愿意帮助她的人。而在这个过程中，所有的人都采取的是一种事不关己高高挂起的态度。在胡小蝶死时，她们不约而同地拿起手机拍照，同时也在不约而同地后退远离，这时唯一走上前的陈念就成了另类，她太显眼了。另外在电影镜头中显示的那一条条在手机上飞速传播的信息，透露出这些旁观者并不是不知道胡小蝶为什么自杀。但是那一个举起手指挡在嘴前的闭嘴表情埋没了事情的真相，同时也成了下一个被欺凌者的催命符。所以在另类的陈念成为下一个被欺凌对象时，同学们表现出的是更加冷漠的姿态。

旁观的不仅仅是这些学生，老师、警察、学校、社会都是旁观者。班主任在陈念第一次被欺凌时对全班说的是"离高考还有几天了，还搞这种恶作剧"，他把这种欺凌定义为一场恶作剧，同时轻描淡写地告诉陈念"和同学的关系还是要处理好，但真有人欺负你，一定要告诉我，学习要管，生活我也要管"。老警察在劝说年轻气盛的小警察时也说"这种校园欺凌的案件最复杂了，没有直接的证据，无法进入司法程序，最后还是得交给教育部门去办"。学校说我们对校园安全很重视，学校和老师一定会保护你的；社会说我们有警察，有法律，会保护未成年人健康成长。结果是校园欺凌的事件越来越多，当欺凌真正来临时他们的保护是那么的无力，是那么的缓慢。就像电影的结尾，当主人公长大时，欺凌仍在继续。我们看到的仍然是欺凌者的嚣张和无知，被欺凌者的痛苦和无奈，是旁观者的冷漠，是社会仍需改善的事实。

教育启示

没有人想要看到欺凌事件的发生，那些冷漠的旁观者或许就是下一个欺凌别人或是被欺凌的对象。所以当事件真实发生的时候，每一个人、学校和社会都应该做出积极的应对行动，阻止冷漠的蔓延。同学们能给被欺凌对象一个微笑，陪他走一段回家的路，说出事情的真相，可能就阻止了一场悲剧的发生。学校要积极开展心理健康教育，时时注意学生的举动，加强家校合作。社会也要关注这个问题，完善法律法规，给孩子们创造一个更好的成长环境。

家庭环境

一个人成长的环境给一个人带来的影响是巨大的，电影中给我们呈现了不同的家庭环境，以及在这样的环境中成长的不同少年。

第一种家庭就是主人公陈念的家庭，她同时也是电影中被欺凌的对象。生活在单亲家庭，有一个卖假面膜被骂成骗子的母亲，是一个不能打开窗帘、时刻会被人堵上门来催债的家庭。所以陈念是自卑的，在被欺凌的胡小蝶想和她做朋友时她是懦弱的，在被警察询问的时候说自己不需要朋友，在被同学嘲笑母亲是骗子时无力反驳抗争。但是陈念的母亲对陈念的爱又是不容置疑的，母女之间感情深厚，所以陈念也是坚强和坚韧的，所以在她柔弱冷漠的外表下有一颗柔软、火热、坚强的心。她接纳了小北，看到了这个小混混好的一面，最终她才能和小北共同走过所有的艰难，成长为一个大人。

第二种家庭是保护陈念的小北的家庭。小北是一个被父母抛弃的、无家可归的小混混，所以他从小就学会用暴力在这个社会上生存。他的成长环境无疑是最惨烈的，他的家庭教育是永远缺失的。但是这个在外人看来无恶不作的小混混也有着自己的痛苦和无奈，他的生活是他没有办法选择的。这个小混混的心里也有着最美好的一面，就像他嘴上说着不愿意学习但是内心的渴望一览无余。

第三种家庭是主导欺凌事件的魏莱的家庭。魏莱的家庭条件优渥，社会地位高，父母都在各自的领域取得过很高的成就。正因为如此,在女儿的校园欺凌事件中,面对警察问话时一副趾高气扬的态度,软硬兼施,熟谙社会规则,理所当然地认为自己的女儿没有错。这种家庭出身的魏莱,背负着父母太重的期望,在父母和同学面前永远是一副单纯、善良、开朗、阳光的样子,是父母心中的骄傲,是老师心中的好孩子。她本来可以拥有一个美好的未来,但是这么沉重的期待压在她的身上。当一个孩子不得不在所有人面前扮演他们所期待的角色时,她内心的原始情绪就要通过别的途径发泄,当她找不到一种合法合理的途径时,欺凌弱小的同学就成了她的发泄口。

在电影中还有一些典型的家庭,比如老警察口中的留守孩子,父母常年在外打工,一年也就见孩子一次,甚至几年一次,对孩子的关心太有限了。他们教育孩子的方式也很容易走上极端,要么是只关心物质一味溺爱,要么是简单粗暴的暴力压制,就像电影中在走廊上毫不留情打孩子的爸爸。

教育启示

没有父母不爱孩子,但是每个家庭都有自己的无奈,大人有着孩子们无法理解的艰难和不易,孩子们也有父母不能理解的痛苦和无奈。所以不同的家庭环境造就了不同的家庭矛盾,家庭教育良莠不齐,最大的问题是父母和孩子之间的交流和沟通不够,尤其是在学习压力较大的高中,父母与孩子相处的时间大大缩短,所能够聊的话题也只剩下成绩、分数和大学。在这样的环境下,双方都不能及时地了解对方的情况和心理，压力和矛盾日积月累，总有一天会以意想不到的方式爆发。所以家庭教育中，交流和沟通是第一位的。在这个过程中，唯有父母长久的陪伴和关爱才是打开交流沟通之门的钥匙。同时社会也要建立健全各项制度，给小北这样无家可归的小混混也能提供一个保障，让更多的留守儿童也能回归家庭。所以家庭教育问题是一个从个人、家庭、学校到社会的全方位问题，每一分子都应该贡献一分力量。

少年成长

在电影中最感人的是主人公陈念和小北互相帮助、互相扶持、互相温暖、共同成长的情节。陈念由一开始斩钉截铁地说自己不需要朋友，说自己与小北不是一路人，到最后真心接纳小北，共同走过了艰难的时光。在电影的后半段，陈念失手杀死魏莱，小北为她顶罪，这是少年间的情谊，是喜欢就可以付出一切的情谊，这样的少年情谊是单纯的，是不计一切代价的；但同时也是孤注一掷的，是不考虑未来的沉痛的付出，是少年意气。所以在警察的帮助下，陈念最后的认罪是真正的成长，是成年人负责任的态度，是承担一切的勇气，他们隔着窗户相视一笑的瞬间，才是真正地长成大人了。所以他们也才能在最后迎来美好的结局，英文课上的三句话也是他们放下沉重的心理负担，放下沉重的过去，敢于直视过去的一切伤痛之后发现仍有美好的体现。

> **教育启示**
>
> 　　每个人的成长都要付出代价,有的人在沉重的代价之后化茧成蝶,有的人仍是毛毛虫,有的人却再也不能挣脱束缚自己的茧。当我们面对即将化茧成蝶的种种痛苦和折磨时,最主要的是坚定自我,坚持自己的准则和底线,同时不断地寻找和调整自己做人的方向,找到一条适合自己的路,去过完全属于自己的精彩人生。

电影沙龙

　　电影中呈现了高中生这样一副面孔,他们在自己的同学出现意外时,第一反应不是上前救助,而是拿起手机拍照;在被欺凌者的凳子上故意被倒上墨水时,他们选择低头沉默;在被警察询问时,他们掩盖真相;在手机上毫不顾忌地讨论同学的死亡,在班级毫不留情地嘲笑同学的家庭。好像大家都这样做了,我如果不做我就是另类。本该是最亲近的同学,却对同学的苦难视若无睹,还要在同学需要帮助的时候踩上两脚,只要事情不发生在自己身上,永远都是一副冷漠的态度。

　　问题讨论一:电影中同学们明知道自己的同学在遭受欺凌却选择漠不关心的态度,为什么会出现这种现象?

　　学生角度:这是一种少年人天真的残忍,是三观尚未成熟的体现。在他们还没有自己的一套处事方式之前,他们的行为都是集体行为,是一种人云亦云的处事方式。所以这个时期需要对他们的心理和行为做出正确引导。

高考氛围：中国的高考是公平的也是残酷的，在这样的背景下，学生的学习压力巨大，他们背负着来自各方的期盼，心理压力可想而知。当这种压力无法找到一个合理的途径释放时，心理势必会发生变化，产生不可预料的后果。而学校在一定程度上也对学生的这方面需求关注不够，导致高中生问题层出不穷。

社会角度：随着社会发展、文明进步，社会问题也越来越复杂化，人性问题的探讨被提上了重要日程，关于人性冷漠、人性缺失导致的悲剧屡见不鲜。当成人世界都在默认这种处事规则时，正处在成长期的孩子们从家庭、社会接受的是一种什么样的教育。

问题分析：人性的缺陷是一个很难从根本上解决的问题，电影中呈现的少年人的冷漠绝不仅仅是少年人的冷漠，我们能做的且必须要做的就是通过后天的良好教育和不断完善的社会规则去保证每一个少年人成长为一个合格的人。

电影中的陈念其实是幸运的，她不像电影开头遭受欺凌跳楼自杀的胡小蝶，也不像中间向她求助的欺凌者，她遭受了校园欺凌，但是她最后有了小北的保护，有了郑警官的帮助，也有同学李想虽然懦弱但是始终想要帮助她的心。但是现实中大多数的受害者是像胡小蝶一样孤立无援的，始终求助无望的，他们没有一个"小北"，甚至在没有直接证据时找不到一个能帮助他们的警察，大人们不能给孩子庇护时，谁来保护这些受欺凌的孩子呢？

问题讨论二：作为学生最长时间生活和学习的学校应该为避免校园欺凌事件做出什么努力？

教师角度：在关注学生成绩的同时及时关注学生的心理健康，重视班级文化建设，形成良好的班风，使每一位同学都能参与到班级活动中，让同学们认识到团结和合作的重要性，从心理上认识自己是集体中的一分子，不搞小团体。

学校建设角度：第一，成立心理咨询师团队，并且能定期开展心理健康课堂，多开展一些心理健康活动，让处于高压力学习和生活中的学生能够找到合理的方式释放压力，缓解紧张情绪。第二，定期做校园欺凌的主题宣传活动，如果发生此类事件要严肃处理，让学生们充分认识到校园欺凌的危害以及带来的后果。第三，加强校园安全建设和家校合作，防止校园欺凌事件在校园内外发生。

问题分析：学校作为学生学习和生活的主要场所，应该承担起主要责任。学校不仅是学生学习知识的场所，而且也应该成为学生各方面成长和成熟的基地，所以学校需要全方位地保障学生的健康成长。

综合探究

做一份校园欺凌的调查问卷：

1. 以班级为单位调查遭到校园欺凌的孩子有多少。
2. 受到校园欺凌后有多少人心理自愈？有多少人能进行心理救助？

干惊天动地事，做隐姓埋名人
——《横空出世》

河南省济源第一中学　李军旗

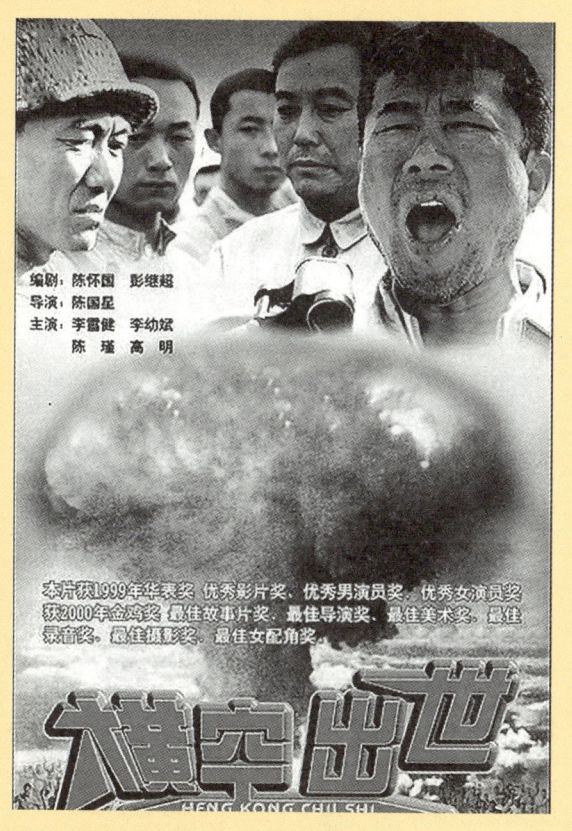

电影信息

导演：陈国星

类型：剧情 / 历史

制片国家 / 地区：中国

上映时间：1999 年

荐影理由

疫情期间,全国各地涌现出了一大批"逆行者",他们或是医生护士,或是警察军人,又或是建筑工人……这些来自各行各业的英雄用他们的身躯守护着我们,守护着这个世界。其实,每个时代都有逆行者,都需要英雄,今天让我们通过《横空出世》这部电影,认识老一辈逆行者,一起重温那段峥嵘岁月,瞻望"两弹一星"精神的巍峨丰碑,向"干惊天动地事,做隐姓埋名人"的先辈们致以由衷的敬意。

观影准备

1. 知识准备

(1)"两弹一星"具体指什么?你知道的"两弹一星"功勋科学家有哪些?了解"两弹一星"的内涵及"两弹一星"科学家们的生平故事吗?

(2)美军轰炸中国驻南斯拉夫大使馆在哪一年?了解电影创作的历史背景。

2. 活动准备

坐地起身:

要求:四个人一组,围成一圈,背对背坐在地上,不用手撑地站起来;随后依次增加人数,每次增加2个直至10人。

活动目的:在此过程中,培养学生坚持不懈、团结合作的精神。

电影精读

合适的才是最好的

影片中，接到中央委派的冯石将军陪同苏联专家开始进行原子弹试验场的选址工作。苏联专家坚持认为敦煌是最合适的试验场，可冯石将军坚决反对。他认为，敦煌有老祖宗留下的大量文物，而且缺少水源，核爆炸产生的污染会殃及附近居民，并连夜起草方案请陈志忠将军带回交给中央。另外，他亲自带队去茫茫戈壁寻找适合中国国防需要的试验场地，尽管在这个过程中一部分战士献出了生命，他还是带队坚定前行，最终选定了罗布泊作为原子弹试验基地。

教育启示

鞋子合不合适，只有脚知道。对于我们的孩子来说也是如此，每个孩子都是世界上独一无二的存在，都有自己要走的路，只有他自己不断探索，克服重重困难，才能成就自己的人生价值。所以，对于家长和老师来说，在处理问题的过程中，应该更多地站在孩子的角度去考虑问题，帮助孩子找到适合自己成长的道路。

自立自强

影片中，由于各方面因素，苏联撕毁了国防协议，撤走了所有的在华专家，送别酒会前后苏联专家更是多次冷嘲热讽，科研工作者们也都推测，中国研制原子弹的项目可能要搁浅了。但是，周勋翔、陈志忠将军通过一次打靶活动把大家聚集了起来，帮助科研工作者和保障团队重拾信心，并将原子弹研制工程命名为"596"。苏联人的撤援不但没有击垮探索前进的中国人民，反而激励了他们，陆光达带领的科研人员啃着馒头，就着咸菜，用算盘代替计算机完成了数据处理任务；另一边，冯石将军带领解放军战士，克服重重困难，在气候条件恶劣的戈壁滩建立起试验基地。

教育启示

面对困难，自立自强去挣脱命运的束缚，才能屹立在世界民族之林。国家如此，人生亦然。没有哪个父母能为孩子打一辈子的保护伞，也没有哪个父母能代替孩子走完人生的道路。所以，电影启示一定要培养孩子独立自主、自立自强的品格，孩子的坚毅一定会成为他人生道路上最有力的保护伞！

细节决定成败

影片中，淡水资源匮乏，冯石将军迫不得已允许战士使用盐碱水代替淡水进行建筑施工。陆光达来到现场，发现用水不对，立即下令停止施工，并拆除使用了盐碱水施工的建筑。冯石将军出面解释也无法改变陆光达对试验条件的严格要求，不得不下令让战士昼夜不停地从几百公里外拉来淡水。在后续原子弹核心部件运送的过程中，科研人员不停地记录着核心部件在运送过程中的数据，生怕在运送过程中出现任何差错……正是这一个个细节的完美处理，"严肃认真，周到细致，稳妥可靠，万无一失"的科研精神，才保证了原子弹最终的成功。

教育启示

老子说："天下难事，必作于易；天下大事，必作于细。"往往一个小小的细节就决定着事情的成败，只有关注细节，并能做好细节的人才会获得更加成功的人生。

敢于挑战"权威"

影片中，苏联撤援之后，大量的资料计算成为摆在众多科学家面前的重大难题。由于计算机资源紧张，科学家们便用算盘计算，成百上千的科学家啃馒头吃咸菜夜以继日地努力，再三核算的数据却与苏联提供的数据不一致。此时，陆光达提出："万一是他们错了呢？"经过核实，科学家们最终确认苏联提供的数据有误。

教育启示

试想，如果当时科研人员跳不出权威的束缚，恐怕后来也没有原子弹的研制成功。这启示我们，"金无足赤，人无完人"，人都可能出错，当我们在权威面前遇到疑惑的时候，质疑往往是迈向成功的第一步，在你我思维的碰撞之后，真理一定会浮出水面！

团结就是力量

影片中,受到三年严重困难的影响,科研攻关遭遇了前所未有的挑战,加上暴雨袭击,粮食运送出现问题。在这个艰难时期,冯石将军提出,粮食优先供给科研工作者,这一做法遭到陆光达等科研人员的一致反对。他提议,困难面前,大家应该团结起来,共同克服困难,于是,解放军战士和科研工作者一起吃树叶啃树皮。在遭遇戈壁滩恶劣天气影响时,他们一起斗酷暑战严寒,冒风雨顶风沙,用身体保护数据。他们同舟共济,团结向前,最终共同取得了"横空出世"的伟大胜利!

教育启示

一堆沙子是松散的,可是它和水泥、石子、水混合后,比花岗岩还坚硬。一个人的力量是渺小的,但是一群人团结起来力量一定是强大的。所以,我们要善于团结他人,团结就是力量,团结就是胜利!

电影沙龙

通过亲子之间、师生之间共同讨论电影,提炼影片给我们带来的积极乐观、不畏艰难的人生智慧和不屈不挠、自立自强、团结奋进的民族精神。

问题讨论一：你觉得电影中令人感动的情节是哪一个？为什么？

情节1：戈壁滩动员士兵、集体打夯。

苏联人撤援之后，冯石将军在茫茫戈壁滩举行动员大会。跟随冯石将军来到戈壁滩的解放军战士中，不仅有年仅十几岁的孩子，还有知天命之年的老兵，他们都是刚从朝鲜战场上下来的志愿军战士，本该胸前戴着大红花回去给家人报喜，却在党中央一声令下来到了茫茫戈壁，体现了老一辈革命军人听党指挥、为国奉献的集体主义精神，值得我们学习。

集体打夯这一情节将团结就是力量和解放军战士不惧风沙、苦中作乐、积极乐观的精神展现得淋漓尽致。恶劣的气候条件和缺粮短水的生活条件并没有挫伤解放军战士建设试验基地的积极性，冯石将军带领大家唱起的"打夯歌"反而将解放军战士紧紧地团结在一起，积极乐观的生活智慧给予了我们更多的思考。

情节2：用算盘计算数据。

中华人民共和国成立初期，缺乏科研资源，苏联专家的撤离更使得科研工作雪上加霜。研制原子弹所需要的计算量是巨大的，尽管如此，缺少计算机的困难也没有挫败热爱祖国的科研人员，成百上千人聚在一起，硬是用算盘计算出了原子弹设计所需的数据。可以铺满戈壁滩的稿纸也展现出科研人员不畏艰难、迎难而上的科学精神和不屈不挠的民族精神！

情节3：喝树叶汤。

三年严重困难给科研工作带来了更加严峻的考验，大雨又冲垮了运粮的道路，罗布泊的解放军战士和科研工作者们不得不吃树叶、啃树皮，其中一个战士碗里的树叶汤还没喝完，连长便把自己的汤倒在了他的碗里，还说"执行命令"，解放军战士之间深厚的战友情打动人心。

问题讨论二：武汉市中心医院的护士长唐莎在朋友圈发了一段话："哪有什么白衣天使，不过是一群孩子换了一身衣服，学着前辈的样子，治病救人、和死神抢人罢了……"你觉得这个世界上有天使、有英雄吗？

观点一：我觉得有英雄。鲁迅先生在《中国人失掉自信力了吗》一文中说道："我们从古以来，就有埋头苦干的人，有拼命硬干的人，有为民请命的人，有舍身求法的人……这就是中国的脊梁。"每个时代都有每个时代的英雄，为抗日战争、解放战争、抗美援朝战争流血牺牲的军人是英雄；冲破重重封锁，呕心沥血，参与祖国建设的科学家是英雄；为"两弹一星"工程隐姓埋名的科研人员是英雄……而在今天，奋战在抗疫各条战线上的医护人员、建筑工人、警察、军人……也是英雄！

观点二：我觉得没有英雄。正如唐莎在她朋友圈所说的："哪有什么白衣天使，不过是一群孩子换了一身衣服，学着前辈的样子，治病救人、和死神抢人罢了……"这些奋战在抗疫一线的"英雄"不过是一个个平凡的小人物罢了，但正是这些小人物，疫情期间，不惧感染的风险，勇敢地站出来。所以说没有英雄，或者说人人都是英雄，只要我们面临困难时，勇敢地迈出一小步，就会成就我们人生的一大步，成为自己的英雄！

低调做人，高调做事
——《阿甘正传》

河南省济源第一中学　　王长然

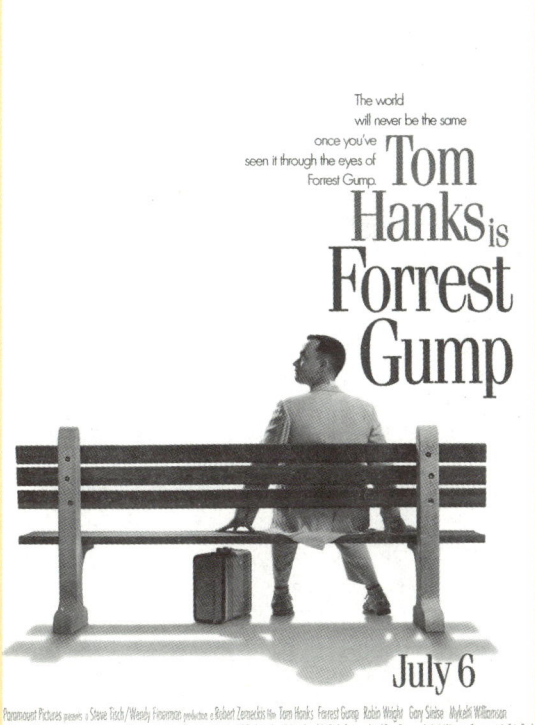

电影信息

导演：罗伯特·泽米吉斯

类型：剧情 / 爱情

制片国家 / 地区：美国

上映时间：1994 年

荐影理由

这部电影励志而唯美,并具有调整心态的作用,解决的问题是孩子在无法改变自身及客观环境下如何克服心理焦虑和迷茫,正如影片里所说:"人生就像一盒巧克力,你永远不知道下一颗会是什么味道。"人生充满了各种未知和不确定性,而阿甘的经历为我们提供了如何应对生活中接踵而至的未知事物的方法,那就是学会担当、做好自己!

观影准备

1. 知识准备

你知道美国在二战后的一些历史知识吗?

第二次世界大战后美国几乎确立了世界霸主的地位,频繁对外进行各种武力或政治、经济等方面的威胁,而美国国家内部却问题重重,例如种族歧视、女权运动、贫富差距扩大等,但政府却视而不见。

该影片涉及美国的历史事件有"美越战争""中美乒乓外交""水门事件""民权运动"等。

2. 活动准备

准备双人组小游戏:仙人指路。

目的:通过活动加强个人与他人之间的信任。

电影精读

主人公是谁？

毋庸置疑，这部影片的主人公是福雷斯·阿甘。他从一个智力低于常人的孩子逐渐成长为国会荣誉勋章获得者、百万富翁、三年长跑带领者，最终迎娶心爱女孩的成功人士。他不仅影响了他遇到的所有的人，也对当时的美国社会产生了深刻的影响。

阿甘遇到了什么问题？

电影中的青少年阿甘遇到了什么困难呢？

电影中回忆的第一个画面就是阿甘的一双特殊的鞋子，戴上了脚撑，行动不便，走起路来总是遭到别人的歧视；上学前的智商测试只有 75 分，比正常人低 5 分，智力不足导致他处处都很无助，经常被别的孩子欺负，内心害怕和恐惧，对未来也不敢奢求什么。

进入大学，阿甘时常感到迷茫，面对美国国内不断变化的社会思潮，他不知道自己做哪些事才是正确的。当别人愤怒黑人与白人一同上学时，他偶尔也迎合着，但是他却为一位黑人女学生捡起掉在地上的课本，甚至后来结交了他最好的朋友——黑人巴布。他似乎没有思考过未来，或是思考了但依然不知道做什么。

阿甘如何解决问题的？

当阿甘被别的孩子追打时，他在珍妮的提醒下学会了奔跑，来躲避无法改变的遭遇；阿甘在学校除珍妮这位唯一的朋友外，几乎所有人都认为他是傻子，这时阿甘就会想起妈妈的一句话："只有做傻事的人才是傻子。"而且阿甘还从妈妈身上学会了自立和自强，并学会去关心和照顾珍妮，逐渐强大了内心。在大学及大学毕业后，阿甘善良的本性让他不断地去关注身边的人和事，也许他自己改变不了什么，但是不管从事何种职业，他都敢于担责，真诚付出。无论是被征调参加美越战争，还是加入美国国家乒乓球队，抑或是实现对巴布的诺言，成为一名捕虾者，他都积极勇敢且执着地完成了他的使命！

阿甘和珍妮是什么关系？

他们是好朋友吗？

阿甘和珍妮在上学的校车上认识，并成为彼此唯一的朋友，两人互相帮助，一起渡过难关，是彼此最好的朋友。

他们之间有恋情吗？

可以说，他们是青梅竹马的恋人。可是珍妮由于原生家庭的影响一直想要离开家乡，并且长大后，限于阿甘的智力等问题，起初并不愿意和阿甘走到一起，在感情上甚至是有些嫌弃阿甘的；但是后来，阿甘所做的一切证明了不忘初心、做好自己是一样可以成功的，并且对珍妮的持续的爱感动了珍妮，两人最终走入婚姻的殿堂。

他们面对社会和未来的态度一样吗？

不一样。在常人的世界里，珍妮的做法也许是对的。面对社会诱惑，她拥有更高的理想，她想出名，想成为明星，以此改变自己困厄的命运。她像当时美国其他的年轻人一样迷茫，繁荣经济下的社会浮华，人们迷失了自己，面对功名利禄的诱惑，珍妮陷得越来越深，一度还想过跳楼自杀，但是她没有，因为还有一个一直爱着她的阿甘。

面对荣誉，甚至生死，阿甘都是无所畏惧的。他在得到撤退命令后依然多次前往激烈的埋伏圈营救战友；在得到勋章后将荣誉毫不迟疑地给了他深爱着的珍妮；面对丹中尉颓废的权钱色诱时，他抵制住了所有诱惑；在成为第一批访华和平使者而出名时，他毅然选择放弃，去履行对战友巴布的诺言。他面对未来虽然迷茫，但是不忘初心，始终用真诚和勇气去面对生活！

电影沙龙

通过亲子之间、师生之间共同讨论电影，一方面了解孩子的想法，知道他们内心深处的不安与焦虑；另一方面通过电影引导孩子学会解决问题，学会独立。

问题讨论一：电影中的阿甘上过高中吗？他是如何上大学的？

问题提示：虽然影片中没有提到，但是阿甘也应该上了高中，因为他的母亲一直让他相信自己是个正常人。阿甘为了躲避其他同学的追打练就了善跑的技能，一次偶然机会，他闯进了橄榄球队队长的视线，进而凭借这一特长进入大学。

众所周知，上大学是普通人改变命运、成就人生的一条捷径，在美国也不例外。而高中时期的孩子已经逐渐长大，也能感知自己的出身、兴趣和不足等问题，并且有了一定的逻辑思考能力。对于考大学，美国是"宽进严出"，我国是"严进宽出"，现逐渐变为"严进严出"，所以对于这一阶段的孩子来说，他们第一次感受到来自未来生活的压力。但又限于生活经历，对大学和未来知之甚少，不免陷入迷茫和焦虑之中。

特别是2020年春节前后暴发的新冠肺炎疫情，更是将孩子们隔离了他们所熟悉的教室和课堂，在家学习效果如何，因人而异，这也促使一些家长产生焦虑情绪，担心孩子的学习，这种情绪会传染给孩子。所以建议家长和孩子共同观看这部影片，无论环境如何，我们始终要做好自己、不忘初心！

问题讨论二：我们应该怎样认识阿甘营救丹中尉这件事？

问题提示：在战场上，接到撤退命令后，阿甘凭借优秀的"跑"的天赋成功地逃离战场，但是发现战友特别是巴布还未逃出，便回身营救，救出了很多队友，包括丹中尉。然而丹中尉作为指挥官，本应该科学指挥，却遭遇埋伏，并被炸残了双腿，愿为死去的士兵陪葬，不想残喘于世，所以不想被阿甘营救。但是对于纯粹的阿甘，出于保护朋友和善良的本能，执着地开展了营救！

问题讨论三：当阿甘说自己是巴布·甘公司的老板时，长凳上的那位男听众为什么感到震惊并大笑离去？

问题提示：影片中阿甘是坐在长凳上为陌生人讲述自己的故事的，这本身已是让这些路人感到奇怪的了，但是当那位男听众听到阿甘说自己是百万富翁时，与自己原有的生活经验相排斥，百万富翁怎么会来坐公交？认为相貌平平的阿甘是在吹牛皮，所以他感到震惊并大笑而去。

问题讨论四：怎样理解阿甘的母亲"人生就像一盒巧克力，你永远不知道下一颗会是什么味道"这句话？

问题提示：电影中这句话出现过两次，一次是在影片开始时阿甘转述的，另一次是他母亲在临死前说的。把人生比喻成一盒巧克力，意指生活充满着未知，但是它们都是美味的东西；他母亲在临死前还说道："我并不知道，但我注定要做你的妈妈，我就尽力做好！"无论下一颗是什么味道，我们都应当尽力爱它和做好它。

这就告诉我们：人生充满了各种未知，正是这些为我们的生活增添了亮丽的色彩，我们要做的就是相信奇迹每天都会发生，我们利用好我们所拥有的一切，包括出身、容貌、智力、机遇以及每天遇到的人、事、物等，我们只有接纳自己进而做好自己，并用爱和诚信去面对生活中发生的一切，才能拥有属于自己的人生！

综合探究

1. 回答问题

由于时间关系，我们远没有讨论完电影中的所有问题，那么看完电影后，你们能否再解答下列问题呢？

（1）如何认识珍妮祈祷上帝把她变成一只小鸟飞得越远越好？

(2) 珍妮为什么会出现在反对美越战争的大游行中?

(3) 为什么珍妮要在三年之后才告诉阿甘他们有了孩子?

2. 问题征集

如果你有奇妙的想法,请在下方留言并讲出你的答案。我们比一比谁是最厉害的那个人。

各美其美，美美与共
——《阿凡达》

河南省济源第一中学　　余维民

电影信息

导演：詹姆斯·卡梅隆

类型：动作/科幻/冒险

制片国家/地区：美国/英国

上映时间：2010年

荐影理由

当前疫情暴发，疫魔肆虐，给我们的健康、生活与工作学习带来了极大的威胁和困扰，让我们满怀伤感与迷惘，低沉郁闷的心情需要进行精神洗礼。特推荐家长和同学们观看影片《阿凡达》，相信大家一定能从中找到属于自己的那份信仰与坚守，从而走出阴霾，点燃信心与希望！

观影准备

知识准备

生物基因工程、思维物联、全息脑控、3D 技术、Imax 画面、三维空间、数字技术、计算机成像等。

课程目标

1. 引导学生面对未知世界，既要勇于探索，更要尊重自然，敬畏生命。

2. 引导学生在逆境面前，学会勇敢面对，无所畏惧，迎难而上。

3. 引导学生思考，如何从我做起并带动身边人关注健康，践行环保行动。

电影精读

电影故事庞大繁杂，但是主题鲜明，电影呈现了多种矛盾和冲突。第一是地球人掘取资源的贪婪冷酷与纳美人的纯朴坚守，第二是潘多拉星球的和谐美好与地球人的残暴破坏，第三是杰克等人的善良勇敢与将军等人的残暴无情。正是电影呈现的冲突给现代社会、家庭教育提供了思考和借鉴。

地球人的欲望与恶行

电影中为了掘取潘多拉星球独有的多晶硅矿石资源，在无意和谈的情况下，地球人凭借高科技，屡屡侵犯原始部落的家园，用催泪弹、燃烧弹、炮弹等逼迫纳美人撤离，参天大树被连根拔起，绿意盎然的家园被烧成焦土，无数生命被残忍地消灭，方圆几十里满目苍凉。愤怒而绝望的纳美人不得不临时迁离家园，被迫转移到灵魂树下，祈祷神灵的救助。面对地球人高科技的炮弹、坦克、机器人和陆战部队，勇敢顽强的纳美人虽然勇敢抵抗，但是简单的原始武器对抗现代武器显得苍白无力，正面遭遇的一切生物都倒在了人类的铜墙铁壁之下。人类还在为自己的成功征服而沾沾自喜，殊不知，这一切仅仅只是满足了人类自身的欲望。

影片中，人类的物欲变成了一场针对纳美人和原始部落的野蛮掠夺，以麦克斯上校为代表的雇佣军为了利益和所谓的雇佣公司站在了邪恶这边，他们极度膨胀的物欲和战争，不仅对潘多拉星球的自然造成了毁灭性的破坏，最终也给这些物欲过度的人带来了灭顶之灾。

电影故事情节夸张而暴力，现实中像麦克斯上校之类的人比比皆是。为了所谓的生活和生存，残杀野生动物的行为时有发生，杀死大象锯掉象牙，杀死鲸鱼取食鱼肉，锤杀生猴取食猴脑，偷猎羚羊等国家级保护动物，为了皮毛，为了味蕾，不断地破坏自然，打破生态平衡。人类残害野生动物的行为还要继续吗？姚明"没有买卖就没有杀害"的公益广告不断提醒我们：停止买卖，停止伤害。

⭐ 教育启示

大自然的生存法则虽然是弱肉强食，但那是食物链中保持平衡的需要，一旦我们人为地去打破，失去平衡的生态就会发生连锁反应。最典型的故事发生在20世纪初的美国黄石公园。美国国家公园管理局开始了一项针对捕食者的控制计划，并在1926年将野生灰狼从黄石公园中完全消灭。在失去狼群的70年里，公园中的马鹿数量猛增，它们不仅自身疫病频发，对树苗的大量啃食也阻断了森林自我更新的进程，导致黄石公园生态系统开始衰退。到了90年代，公众情绪和生态理论都发生了变化，于是狼群又被重新引入。随着狼群的回归，马鹿的数量开始下降，生态系统也开始恢复了生机，一切又恢复了生态平衡的和谐之美。

关于生态保护的思考与反省，人类究竟从何种角度去审视人与自然的关系？教训就像《阿凡达》中的人类殖民者最后战败被遣返那样悲惨，而诸如欧洲的黑死病、SARS、甲型H1N1、乙型流感、新冠病毒、澳洲的森林大火等已经不止一次警醒着人类。

杰克的勇敢无畏与自我救赎

下肢瘫痪的陆战队员杰克仅靠退伍抚恤金，难以维持生计，为了能再次站立起来，为了支付昂贵的治疗费用参加了雇佣军，顶替被意外枪杀的哥哥参与阿凡达计划。由于双腿残疾被基地战士嘲笑为废物，被格蕾丝讥讽为菜鸟，被麦克斯上校收买，等等。在全脑息自由支配阿凡达的身体之后，兴奋的杰克冲出实验室，奔跑于荒野，把双脚插入泥土中仰天大笑，那是拥有自由溢于言表的兴奋与激动。

杰克被赋予深入纳美人卧底探秘的角色，一次森林探秘遭遇锤头食草兽和食肉暴兽，面对追击慌不择路的杰克拼命奔跑，最后奋勇一跃跳入万丈深潭。夜幕降临，走投无路的杰克只能自制武器，把衣服做成火把，独自面对无尽黑暗的煎熬，无畏地抗击野兽的凶残袭击，最终他勇敢的行为感动了纳美王国公主奈蒂娜，她射杀凶兽救下杰克。当然真实原因是准备射杀杰克的奈蒂娜因相信圣母之灵而改变了决定。从此杰克用勇敢迈入了成为纳美人的第一步，继而受到王后的认可，并接受王后指令跟随公主学习纳美人的生活骑射等技能。杰克学会攀爬腾跃，不畏艰险驯服翼龙和灵鸟等种种行为征服了纳美人，并赢得了公主奈蒂娜的青睐和爱情。同时纳美人相信万物有灵、万物相系、万物皆神圣。他们从自然中获取食物、射杀动物的同时又安抚动物的灵魂，他们相信动物的身体在食用后会成为自身的一部分。他们相信圣树的启示，把圣树的每一颗种子及树精灵都看作最纯洁的灵魂，随时启示纳美人如何抉择。纳美人的纯朴、善良、忠诚、勇敢也征服了杰克，历经精神洗礼的杰克最后从地球人的卧底变成了潘多拉星球的卫士和领袖，他带领纳美人并感召森林之灵共同勇敢地对抗地球人先进的导弹、坦克、陆战队。虽然损失惨重，最终正义战胜了邪恶，地球战俘们被遣送回家。

杰克从双腿残疾到获得身体的自由，从为雇佣军当卧底变成纳美人的领袖，捍卫了潘多拉生物家园，代表正义捍卫多维生态的和谐共处，一句简单的"I see"，心照不宣却蕴含深刻，从此杰克完成了精神的自由与救赎。

★教育启示★

面对疫情灾难，国人困守家中，吃饱喝足是最低层次的生存需求。国家号召"停课不停学"，这不仅是对师生的考验，更是对家长的考验。面对电子产品的困扰，面对自主学习，面对看不见彼此的网络教学，面对被谑称为"神兽"的孩子们，作为教师和家长不仅要看到孩子对知识的需求，更要关注特殊时期孩子的心理需求、精神需求、习惯培养、人格涵养、价值观培养等多方面。电影启示我们要更多关注他们独立人格的培养和勇于面对挑战的精神需求。

电影沙龙

影片中纳美人尊重自然，与自然和谐相处，对动植物都充满感情。纳美公主为了拯救杰克，杀死了类似狼的野兽，在杰克表示感谢的时候，她却说杀戮不需要感谢，而且她对野兽的尸体的安抚则既像忏悔又像给野兽做祈祷。杰克学习射箭时，每射杀一只野兽都会学习公主奈蒂娜对尸体进行告慰和安抚，以表对生命的尊重。杰克历经艰险，攀爬飘浮石，飞跃藤蔓，在险峻的悬崖处找到翼龙，在驯服翼龙时，差点儿摔下悬崖。经过不懈搏斗，杰克最终驯服翼龙。

问题讨论一：面对野生动物和流浪狗、流浪猫该如何做？

学生角度：野生动物也是独立的生命体，它们都是自然的组成部分，它们有权利生存，人类不该因为口腹之快而捕杀之。对于流浪猫和流浪狗，学生深感不解，既然是宠物就不要抛弃它们，人要有同情心，家人应该收养它们，不让它们继续流浪。

家长角度：对于野生动物要区别对待，对于有攻击性的野生动物，要做好防范，以免被攻击受到伤害。对于流浪猫和流浪狗，应根据家里的情况决定是否收留，比如是否有空间，是否有精力照顾，家里是否有对猫或狗过敏的成员。

老师角度：孩子们天生对生命珍视的爱心应该保护，在教育孩子如何辨别野生动物的同时，教育孩子对有攻击性的动物做好预防和自我保护措施。做到不主动伤害动物，并积极宣传引导身边的人正确对待野生动物。对于流浪狗和流浪猫等小动物，在保持同情心时，一定要征求父母意见和根据家里的实际情况量力而行，不能盲目要求收养，否则无人照顾也是一种伤害。可以联系当地流浪动物收容所接收，或力所能及地为流浪猫狗提供一些可用食物。

问题分析：一定要呵护孩子对小动物的爱心，同时教育孩子要学会自我保护，以免被不明动物所伤害。此外家里有条件的可以养一些宠物猫或宠物狗，教会孩子正确照顾宠物的办法，培养孩子与小动物和谐相处的能力，同时提升孩子的自理能力和责任意识。对于流浪猫狗教育孩子如何正确对待，以免孩子收留不明动物给家庭带来麻烦甚至伤害。

家校连手：如果孩子对待野生动物或流浪猫狗等有不理性行为，家长可以与学校老师联系，通过正确的引导和教育，从而让孩子爱护自然，尊重生命。

影片中当将军发令攻击大树时，纳美人震惊、愤怒、绝望，酋长率领族人殊死抗击直至牺牲，纳美人声嘶力竭的怒吼，表达了对地球人的痛恨，对家园被毁的沉痛惋惜。将军下令发射炮弹炸毁大树后，面对树木毁灭的悲剧场面自豪无比，对纳美人的仓皇逃走却满怀讥讽，彰显将军对生灵的冷酷与无情。

问题讨论二：如果我们身边有伤害野生动物或破坏环境的行为，我们将会采取什么措施？

学生角度：一般情况下会考虑直接制止，或者对当事人进行劝导，提出些正确对待野生动物的建议，对比较严重的破坏行为会私下拨打举报电话。

家长角度：家长要教育孩子爱护环境，对于伤害野生动物的不良行为采取委婉劝导或报警等方式解决，避免当面制止可能产生的麻烦。此外，对于普遍存在的不当行为建议相关部门加强督导和管理。

老师角度：从学校教育的角度，遇到环保等相关知识时，老师应指导学生培养保护野生动物和爱护环境的意识，交流正确的方式，要求学生从小事做起，从身边做起。遇到具体违规行为，学生应该学会正确对待。

问题分析：野生动物和环境保护问题，是社会和国家共同关注的问题，是事关人类与自然和谐相处，事关人类文明发展的问题。家庭、社会和学校都应该从各自的角度做出正确的引导、宣传和督导。让环保意识和环保行为处处开花，为共建和谐美好的人类命运共同体做出自己的努力。

活动设计

围绕"环境保护从身边做起，从家庭做起，从我做起"进行一次家庭主题交流，对基本环保意识和行为要求达成共识，并养成节能环保的习惯。

热血难凉，青春有你
——《钢的琴》

河南省济源市第五中学　范晓艳

电影信息

导演：张猛

类型：家庭喜剧

制片国家/地区：中国

上映时间：2011年

荐影理由

今天给大家推荐的电影是《钢的琴》。电影温暖而又积极向上，影片中生活落魄的爸爸陈桂林为了留住女儿，帮女儿实现钢琴梦，面对生活的困境毫不低头，历经千难万苦为女儿造了一架"钢的琴"，实现了自己对孩子的承诺，体现了父爱的伟大。解决的问题是学生在高一阶段如何适应新的学习环境，引导学生努力克服一切困难，在困境中不忘梦想，敢想敢做，勇于实践，取得成功。

观影准备

1. 知识准备

你知道中国导演张猛执导过哪些电影吗？

有《耳朵大有福》《钢的琴》《胜利》《清水里的刀子》《枪炮腰花》《山上有棵圣诞树》《阳台上》《一切都好》《我的心雀跃》等。

《钢的琴》一路拍摄下来遇到很多困难，张猛就像影片中的陈桂林，为了个人尊严不断奋斗。在《钢的琴》中，集中体现了张猛鲜明的个人风格，小人物、现实感、温情幽默成了张猛的"标签"。他关注原生态的生活环境，具有激发人们积极向上而又温暖的力量。

2. 活动准备

准备家庭亲子小游戏：你来比画我来猜。

目的：通过活动加强亲子之间的交流与沟通。

电影精读

该影片的主人公是谁？

你认为该电影的主人公是谁？陈桂林？小元？还是小菊？

不同的学生有不同的回答。但多数学生会说：电影的主人公是陈桂林，因为电影主要围绕下岗工人陈桂林展开。他在逆境中克服一切困难，历尽艰辛最终为女儿制造了一架"钢的琴"。

陈桂林遇到了什么问题？

电影中自尊心极强的爸爸遇到了什么困难呢？

电影一开始，陈桂林和他的妻子笔直地站着出现在镜头前，他们各自望向不同方向，虽然在相互对话但都没有扭头看对方一眼。给人一种分崩离析的感觉，留下了悬念。

该影片以20世纪80年代末至90年代初国有企业改革后的东北某工业城镇为背景，原钢厂工人陈桂林下岗后，独自组建了一支乐队，终日奔波在婚丧嫁娶、店铺开业的演奏之中，生活勉强维持。他的妻子小菊离家出走，转投有钱的假药商人怀抱。现在妻子光鲜归来，不仅要与陈桂林离婚，还要争夺独生女小元的抚养权。陈桂林慨叹自己失败的命运，于是一心要将女儿培养成钢琴家。为了得到女儿，他四处筹借买钢琴的钱，甚至和女友淑娴以及当年钢厂的好哥们夜入学校偷钢琴。当所有的办法都失败后，他偶然翻到一本关于钢琴的俄国文献，于是叫上工友们在早已破败的厂房中开始了手工制造钢琴的征途，虽然困难重重，但倔强的他从不向命运低头。

陈桂林如何解决问题？

陈桂林遇到麻烦的时候是最需要帮助的时候，怎样帮他解决问题？

首先这是一段艰辛的圆梦旅程，我们一起来看这位有着钢铁般意志的爸爸是如何做到的。刚开始女儿说谁给她买钢琴，她就跟着谁。一心想留下女儿的他心中只有一个念头，那就是想尽一切办法实现女儿的愿望。

刚开始没有正式工作，只能靠小乐队赚钱养家的陈桂林想到的第一个办法是用自制的纸质钢琴糊弄女儿。可是孩子不是那么好骗的，他知道靠糊弄不行，得想别的办法。

他知道解决一切问题的关键是资金问题，于是他把认识的人都借了个遍，四处碰壁也没借到钱。这时的他被逼得实在没办法，于是想到了偷琴。结果可想而知并未如愿。当他们从派出所回到学校搬琴的时候，才开始仔细研究钢琴到底是个什么样的物件。

因为大家曾经都是工厂的精英能手，既然这个东西是人造的，那凭什么我们造不出来呢？倔强刚强的爸爸决定试一试。

引用剧中的话：为什么同样掌握了制造方法，人家能造出钢琴，而我们只能造钢板呢？这是对我国技术和市场两方面的反省。我们有足够的技术人员，经验丰富，但在高精尖技术领域是短板；而即便是同样的技术水准，别人能迎合市场，造出高利润的产品，而我们还在一窝蜂地制造产能过剩的东西。

所以，经过多次的困难后，陈桂林正式决定——造钢琴。他想尽一切办法把各路能手聚集到一起，开始了制造钢琴的艰难征程。此时他发现女儿跟妈妈越来越近，那么钢琴做不做也就没有意义了，于是他失去了干劲，丧失了信心，可是大家并没有放弃。这个项目的价值，已经不再是做出一架钢琴让小元满意，而是所有人的一种精神寄托，一个不得不完成的使命，一个实现自我价值的机会，最后大家终于制造出了一架"钢的琴"。

陈桂林和他的合伙人有什么关系？他们为什么要帮陈桂林制造钢琴？

陈桂林和淑娴、大刘、快手、老专家是一起工作多年的同事兼好朋友，陈桂林与二姐夫是亲戚关系。大家曾经是一个工厂的工友，有着共同的经历。由于工厂倒闭，他们都是其中的受害者，处于社会底层。但他们性情豪迈，重情重义，一人有难，八方支援。正是这种深厚的情感将他们团结在一起，助推陈桂林实现了女儿的愿望，同时也实现了大家的人生价值。

电影沙龙

沙龙设计的目的：通过亲子之间、师生之间共同讨论电影，一方面了解学生的想法，知道他们内心深处的不安与焦虑。另一方面通过电影引导同学们面对困难学会解决问题，不畏艰难，敢想敢做，实现梦想。

问题讨论一：电影中的爸爸陈桂林爱女儿吗？他帮女儿实现愿望了吗？

问题提示：电影中的爸爸陈桂林很爱自己的女儿，为了实现女儿的愿望，他走投无路甚至想到去偷一架钢琴。这种深深的父爱不言而喻。最后经过几番周折，陈桂林终于帮女儿制造出一架"钢的琴"，他答应女儿的事情做到了。这种敢做敢当的精神，教育同学们遇到问题时要像这位爸爸一样用钢铁般的意志去勇敢面对、解决问题。

问题讨论二：正当爸爸夜以继日地赶做钢琴时，看到女儿跟妈妈的关系越来越近，他为什么想要放弃钢琴的制作？

问题提示：因为他忽然间想明白了，他能不能留下女儿，并不是一架钢琴那么简单的事。想着会失去女儿，他倍感失望，所以想要放弃。但他还是坚持下来了，因为造一架钢琴，不光是为了实现女儿的愿望，还承载着大家的梦想！

问题讨论三：剧中季哥被警察带走时，临行前为什么要最后再查看砂型？

问题提示：剧中季哥临行前查看砂型后露出的眼神，特别满意，好像自己完成了一项艰巨的使命。此时此刻他超越自我，实现了自己的人生价值。同时也告诉我们做事要有始有终，朋友有难定当全力以赴。

问题讨论四：电影中的爸爸陈桂林明明知道要实现女儿的钢琴梦很难，可他为什么还要坚持？

问题提示：电影中的爸爸陈桂林，是一名下岗工人，自己组建了一支乐队，终日奔波在婚丧嫁娶、店铺开业的经营中，生活勉强维持,根本无力去买一架钢琴,买钢琴对他来说是一种奢望,是可望而不可即的。可他对女儿深深的爱战胜了困难。他必须想尽一切办法实现女儿的钢琴梦,经受了各种困难打击之后,他的梦想终于实现了。这就是伟大的父爱,如山的父爱。

综合探究

回答问题

1. 你如何评价这位爸爸?从这位爸爸身上你学到了什么?
2. 现实生活中你的爸爸是一个什么样的人?他爱你吗?
3. 从这群下岗工人身上你学到了什么?

信念不倒，恣意航行
——《汪洋中的一条船》

河南省济源第一中学　许月平

电影信息

导演：李行

类型：剧情

制片国家/地区：中国台湾

上映时间：1978 年

荐影理由

今天给大家推荐的电影是《汪洋中的一条船》，电影感人且催人奋进，语言优美灵动。解决的问题是孩子尤其是残障儿童在困境中如何克服心理障碍，逆流而上，走出困境。这是一部自立自强、让人对生活充满希望的电影。

观影准备

1. 知识准备

"咬定青山不放松，立根原在破岩中。千磨万击还坚劲，任尔东西南北风。"从古至今，坚韧不拔、永不放弃、自强不息的人物不胜枚举。有多少事例令人潸然泪下，有多少故事令人充满希望，又有多少故事成为一些人生命中的一盏明灯。老师喜欢《哪吒之魔童降世》《肖申克的救赎》《阿甘正传》《勇敢的心》《当幸福来敲门》《喜剧之王》《放牛班的春天》《死亡诗社》《面对巨人》等。那么，你喜欢哪些励志的电影呢？

2. 活动准备

准备家庭亲子小游戏：励志古诗句激情诵读大比拼。

目的：通过活动加强亲子交流，培养亲子间感情，营造电影氛围。

电影精读

这是一部励志电影，主题是关于责任、善良、如何摆脱困境、家庭教育、梦想等。

关于责任

一个大雨滂沱的夜晚，一声婴儿的啼哭打破了夜晚的宁静，双腿残疾的丰喜来到了这个世界上。面对身体残缺的他，母亲选择用胎盘捂死他，关键时刻是爷爷救了他。"生了他，一定要把他养大"，在爷爷的坚持下，丰喜活了下来。

接下来，就是丰喜的父母带着他四处求医。因无法行走，爷爷用一根木棍拉着他走路。

教育启示

在面对困难时，有人会选择逃避，有人会选择承担。逃避会避免很多麻烦，但可能一生都会背负良心债。随着孩子慢慢长大，应该让他明白：他自己做出的任何事情和任何决定所带来的后果自己都要承担。做人就要顶天立地。孩子从懂事开始，就应该学会去承担。

关于家庭教育

丰喜身体残缺，但在成长的过程中，并没有被家人另眼看待。父母带他四处求医，是想让他身体好起来。爷爷没有放任他不管，而是用一根木棍拉着他走路。他的五哥，从小就鼓励他。在暴风雨来临之际，他的父亲、母亲、五哥历尽了很多艰险之后，终于找到了他，并紧紧抱着他。

> **教育启示**
>
> 一个完整的家庭,每个成员教给孩子的东西都是不一样的。父亲或祖辈能教给孩子责任与担当;母亲能教给孩子温柔善良,耐心细致;兄弟姐妹则能互相帮助、互相学习、相亲相爱。尤其是在遇到事情的时候,同舟共济。关键时刻不抛弃、不放弃,共渡难关。

关于善良

贯穿整部电影的,除郑丰喜迎难而上、不惧艰险、努力拼搏的优秀品质外,还有善良。无论是丰喜出生时爷爷的"一只箸,一点露,天无绝人之路",还是五哥的"努力就是人家欺负你,你不哭,跌倒了,马上爬起来。不怕苦,不怕难,一直做下去,伟大的人都是努力做出来的",让人在困境中依然充满希望。这也可以让观影者的心灵得到净化,从而对未来充满信心。整部电影中,丰喜爷爷、赵伯伯、丰喜五哥、戴校长、徐院长、同学、旧书摊老板、房东、继钊父母……人人都很友善。

> **教育启示**
>
> 这部电影告诉学生,生活就像一面镜子,若你报以微笑,他必以微笑响应。你对别人有礼貌,他人也会对你有礼貌。所以学生在学习和生活中、家长与孩子在相处过程中、孩子与老师和同学在相处过程中,要学会善良,学会换位思考,相互理解。

> 尤其是家长与孩子的相处过程中，有时候我们亦可以卸下"大人""威严"的铠甲，学会倾听孩子内心最真实的想法。父子，亦是师生，也可以是朋友。若你对生活温柔，生活必温柔以待。

关于自信

一道关于"树上有几只小鸟的问题"，使丰喜步入了学校。他常常在教室里独自学习到很晚。虽然很努力，成绩也很好，但对自己的未来，他内心依然没有底。戴校长问郑丰喜："功课准备得怎么样了？"郑丰喜回答："我没有能力上大学。"戴校长将他的事迹登了报，引来了社会的关注与帮助，并得到了院长的帮助，他终于"走"进了大学。在大学里，他认识了美丽的吴继钊。在继钊表哥出现后，表哥的话让丰喜觉得自己配不上美丽、有才华的吴继钊。但最后在院长的鼓励和吴继钊的坚持下，二人喜结连理。

教育启示

在高中阶段，当学生遇到学习上的困难时，往往会出现"我不行，我不配"之类的情绪。当出现类似情况时，老师和家长要及时对孩子进行心理疏导。世界上的美好值得我们每个人去拥有，只要你足够努力，足够阳光，努力去争取，克服困难，定有丰硕的收获。

电影沙龙

通过亲人之间、师生之间共同讨论电影，了解孩子的想法，让学生学会正确面对困难。另外，通过电影引导孩子学会解决问题，学会独立。

问题讨论一：电影开篇显示了一片汪洋，电影名为什么叫《汪洋中的一条船》？

问题提示：它代表了无比的信心、坚强的意志、崇高的理想和远大的抱负，它引导大家克服困难，不屈不挠，乐观积极，进取奋斗，走向光明灿烂的未来。

问题讨论二：丰喜出书时遇到了什么困难？他是怎样打开市场的？丰喜书写好之后，销售时受到了学校女学生和书店老板的质疑（以题材不够畅销为由），他又是如何解决困难的？

问题提示：骑着摩托车一个书店一个书店去寻找销售途径，登报推荐。亲爱的同学们，如果是你，你会怎么做呢？家长可与孩子一起讨论。

问题讨论三：郑丰喜自行车丢失的时候，他为什么不愿意接受同学的帮助？

问题提示：一方面是因为他的自尊心，另一方面是因为他不想给同学添麻烦。家长可与孩子讨论如何对待自尊心问题。高中阶段的孩子自尊心强且处于青春期，容易产生叛逆心理。如何利用自尊心？如何通过自己的努力获得别人的认可？

问题讨论四：脚踏车是有脚才能骑的车子，好手好脚的人都不一定会骑，郑丰喜是如何学会骑脚踏车的？遇到邻村孩子的嘲笑和羞辱时，他是如何面对的？

问题提示："我忍住泪，不理会他们，心里打定了主意：摔倒了我会爬起来再骑。再摔倒，再爬起来，一百次，一千次，不管多少次，只要有一天我真的能骑脚踏车，我就成功了，这是给他们最有力的报复。"可以跟孩子探讨：当你遇到不公平对待时，应该怎样去处理？打回去和"走自己的路，让别人说去吧"，哪个更有效？

综合探究

1. 回答问题

由于时间关系，我们远没有讨论完电影中的所有问题，那么看完电影后，你们能否再回答下列问题呢？

（1）为什么郑丰喜说我们最大的敌人是我们自己？

（2）为什么吴继钊父母刚开始不同意他们的婚事最终又同意了呢？吴母起到了什么作用？郑丰喜做了哪些努力？

（3）为什么郑丰喜临终前让五哥再说一次"什么是努力"？

2. 问题征集

如果你有奇妙的想法，请在下方留言并讲出你的答案来，我们比比谁是最厉害的那个。

阶梯电影八

🎬高二年级是人生一个重大的爬坡期，也是学生青春期觉醒的时期，可能会出现谈恋爱、打群架，甚至上网追星等各种问题。所以这一时期电影课程的主题侧重于心理上疏导、行动上规范、规则上加强、理想信念鼓励、人际关系拓展等，我们精选了6部电影，通过电影引领学生成长。

孩子，那不是你的错
——《心灵捕手》

黑龙江七台河市教育研究院　姜新华

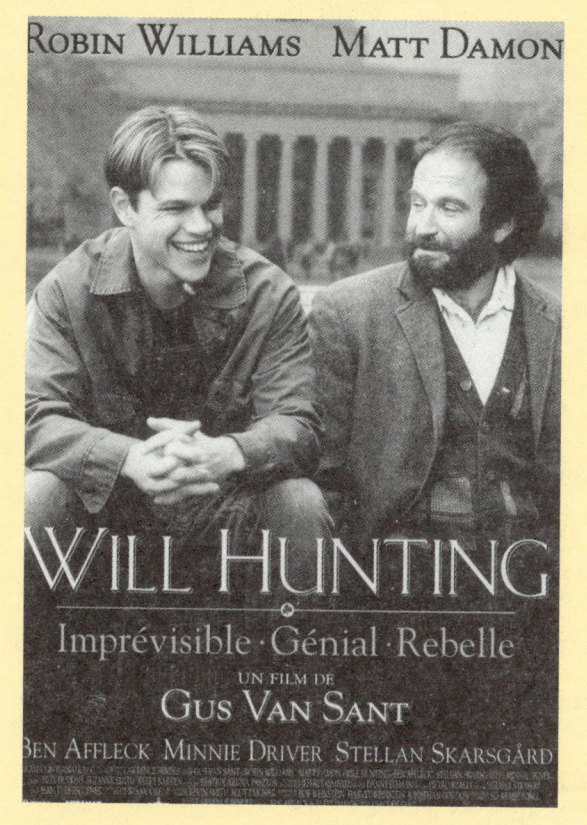

电影信息

类型：剧情

导演：格斯·范·桑特

制片国家/地区：美国

上映时间：1997年

荐影理由

心灵成长是人成长中非常重要的内容，良好的心理发展会促进人极为健康地成长。成长中遭遇的挫折，以及为了外在的名声而盲目追求，都会制约人的发展与人生的幸福。这部片子就是通过青年学生威尔和数学教授的成长，形象地揭示了这一道理，对教育有很好的警示与启发作用。

观影准备

本片涉及的心理学知识：

1. 心理学精神分析学派认为，童幼年时期的创伤会形成心理情结（一种潜意识），它会干扰人追求健康与幸福的生活。当认识到二者的关联，使潜意识变成意识，当下的行为就会逐步改善。

2. 外在的目标，即使能成就名望，也不要盲目追求，而是要根据自己的人格特质，也就是内在特点选择自己努力的方向，这不仅会促进人的创造力的迸发和人生的幸福，而且是保证世界丰富多彩的源泉。

课程目标

1. 理解当下的不当行为与童幼年的创伤经历有关，建立二者的关联，促进当下行为的矫正。

2. 人的心灵是长远幸福的基础，也是创造的源泉。

3. 根据电影主题分析自己和他人，努力探究自己的发展方向。

4. 引导家长了解人的成长原理，帮助孩子走上自主发展之路。

电影精读

电影中有两个存在问题的人：一个是天才青年威尔，一个是数学教授蓝博博士。

童年的创伤阻碍对幸福的追求

威尔是数学天才，他记忆力、理解力、问题解决能力一流，获得菲尔兹数学奖的蓝博教授都很惊异他的能力。

威尔是一个问题少年，违法的事情做了一件又一件。蓝博教授把他保释出来，提出两个要求：一是一起研究数学，二是看心理医生。

威尔跟着蓝博教授研究了一段数学之后不想干了，因为他看到蓝博教授也解不出一些数学难题，人生终究是一场空虚。

威尔不愿做蓝博教授推荐的一般人无法企及的工作，比如国家安全局职员等，他说这一切都没有意义，最终不是杀戮就是为了利益。

威尔凭自己的才能赢得了女友的芳心，但当女友想深入了解他的家庭时，他提出了分手。恐惧未来，他不相信会有幸福的家庭。

在心理咨询中，前几位心理咨询师都被他耍了，接触肖恩教授时，他本想故伎重演，但教授理解其问题根源，没被他气走。威尔知道肖恩教授深爱的妻子死亡，感觉到美好破碎了。

威尔之所以如此，是因为他看不到未来，因为小时候父亲的暴虐在他的生命里种下了痛苦而无望的种子。他之所以做着各种劳累又肮脏的工作，是因为这种氛围跟自己小时候的成长氛围很像，他很熟悉这样的生活，他认为这就是自己应该有的生活。即使跟他一起干活的好朋友说他不该这样，他依然不以为意。当然这些"以为"不是清醒的理性行为，是潜意识的安排。

肖恩教授问他想要什么的时候，他不知道，只能胡说。肖恩教授指出，做一种体力工作没什么不好，但不是最适合他的事情，而且指出威尔跑到普林斯顿这样的一流大学来做勤杂工，说明内心里有些东西需要发挥出来。但威尔强大的潜意识控制着他，以至于他自己都不知道该干什么。

在肖恩教授指出"这不是你的错"时，威尔才意识到自己当下问题的症结。心灵的冰霜开始融化，他开始了自己全新的人生。

强大的童年观念，尤其是创伤性的经历，会遮蔽人的天赋，甚至决定人的命运。"认识你自己"，这不仅仅是哲学（心理学）上的名言，更是人生的指南。

对名望的追求阻碍着人的幸福

蓝博教授是麻省理工学院的数学教授，他从18岁开始研究数学，20年后获得了菲尔兹奖，是位高傲的成功人士。

他认为大人物做事就要超越个人的立场，荣誉很重要，事业更重要。随着时间的推移，他的实际生活并不像外在的形象那么光亮，他已经不再能解开一些数学难题，只能借助威尔替自己解决，为此他经常失眠。

当他发现极富天才的威尔时，重新燃起了希望，既希望威尔能凭借自己过人的天赋尽快地为国家做事，也想借着威尔的天赋重振自己的雄风，当然后者只是一种心理因素。但心理咨询师肖恩教授却坚持让威尔自己明白自己想要什么，做什么由他自己决定，不能人为地被操纵和控制。作为老同学的蓝博教授和肖恩教授，在对待威尔的问题上分歧很大。

蓝博教授积极地为威尔推荐各种高端的工作，但威尔都是以戏弄的方式收场，根本无心工作。心结不解，不可能回到正常的生活轨道上。这正是蓝博教授的错误，他眼中只有任务，没有人，当人不幸福时，其他都是浮云，工作也不会做好，他自己中年颓败就是很好的明证，但蓝博教授并没有认识到问题所在。

蓝博教授也许江郎才尽，但这没什么，可以有其他的选择，也许他只是太过看重自己的名声了，以至于干扰了他的思维。但不管怎样，只要能认清自己的内心，就能及时地调整自己，重燃生命的热情。

威尔在肖恩教授的积极治疗下，终于打开了心结，开始了新的生活。可以想象，他的才智会因为心理问题的解决而充分地喷涌出来，他的人生也将因此走上幸福之路。

不是说人不可以为了责任和荣誉而拼搏，而是说你要做的事情真的发自你的内心吗？没有被外界的观念控制吗？只有"从心所欲"，才能在满足自己的同时成就他人的事业，这不是自私，因为这里所说的满足不是强占他人的利益，而是顺着自己内心的倾向而行动，这样才更有力量，人也会因此而感到幸福。

"成功的意义不在于你得到了什么，而在于你从那个奋斗的起点走了多远。"

让事情从心灵发出

蓝博为了名声而努力，虽取得成就，但不幸福；威尔因为童年遭遇伤害，虽然拥有超人的智力，但不幸福。要想幸福，就得做回自己。只有源自心灵地做事，才能赢得幸福，这也是人类创造的不竭动力。

电影沙龙

为了启发学生更好地理解电影的主题，可以从以下问题入手展开讨论，老师、家长和学生一起参与讨论。

问题讨论一：威尔明明有超人的天赋，为什么只做最艰苦的工作？威尔其实是喜欢女友的，为什么后来否认对女友的爱？

问题提示：根据心理学精神分析理论，当一个人在幼童年遭遇过心理创伤，比如惊吓、虐待等，就会逐渐表现出一些有悖常理的行为。威尔童年时期受到继父的虐待，在记忆中留下深刻的烙印，但这些伤害太痛苦了，就会被压抑在大脑的深处，不过这些记忆和感受并没有消失，它以潜意识的形式支配着人的行为，只是人没有意识到。由于是潜意识支配，其行为一般是扭曲的，非正常的。继父的虐待，使得威尔的潜意识认为生活没有未来，也没有美好，只能在脏乱差中生活。正因为此，威尔才只做艰苦的工作，明明爱着女友却不敢承认。

问题讨论二：蓝博教授一直在积极地帮助威尔，为什么威尔后来拒绝跟蓝博教授合作？

问题提示：首先是威尔自身还深陷在心理问题中无法自拔，虽然表面上是威尔的反抗和不领情，其实是内心深处对未来不抱希望；其次是蓝博教授太注重外在的事业和声望了，虽然他也关心威尔的心理健康，但他不是关心威尔这个人，而是希望威尔病好了就可以做事了，也就是威尔成了某种工具，虽然这种目的不是为了自己的私利，但仍是一种强迫和控制。蓝博教授本人的人生阅历就是一个反面教材，因为人到中年，他已经丧失了原来对数学的热爱和问题解决能力，工作只是谋生的手段，也许在跟肖恩的交流中，他能反省自己的问题。

问题讨论三：肖恩教授靠什么成功地化解了威尔的心理情结？

问题提示：首先是真诚，他想真诚地帮助一个人，没有其他附带的目的；其次是深厚的专业知识和丰富的人生阅历，可以切实地帮助威尔。肖恩的真诚不仅表现在对妻子的爱上，而且也表现在对威尔的态度上，也表现在对老同学蓝博教授的态度上，他本人就是一个真诚而成熟的人。他不急着让威尔快速地做事，而是通过自己的专业知识让威尔认识到当下的行为不是自己真正的、内心想要的，只是被过去的伤痛形成的心理情结迷惑了，只有解开这个情结，才能走上幸福的人生之路。

活动设计

1. 心理沙龙

跟自己的父母一起探讨自己成长中是否有创伤，是否因此而形成某种情结影响当下的行为，尝试分析一下，促进自我成长。如果需要，还可以请学校的心理老师或其他心理咨询师帮忙。

2. 结合《心灵捕手》的情节和主旨，写一篇作文。两个参考题目，任选一个：

（1）我为什么这样？

（2）说说我的热爱。

一朝是战狼，终身是战狼！
——《战狼Ⅱ》

河南省济源第一中学　　贾大勇

⭐ **电影信息**

导演：吴京

类型：动作/战争

制片国家/地区：中国

上映时间：2017 年

荐影理由

《战狼Ⅱ》是一部爱国情怀很浓的优秀电影。电影中的一系列故事冲突、人物思想的变化都能引发学生思考，使学生认识到幸福生活来之不易，提升学生的爱国热情和社会责任感。

疫情期间，学生在家里学习，同时也从多种渠道获得了有关疫情的海量信息。尤其是全国上下万众一心，共同抗击新冠病毒，全国各地支持湖北、支持武汉的事迹，每一天都在感动着中华儿女。疾病无情，给我们带来了巨大伤痛，幸而有无数的"白衣天使"和医学专家为我们驱病除疫，有无数一线工作人员和志愿者冒着危险维持社会秩序，保障着我们的正常生活，这一切都离不开伟大祖国这个坚强后盾。这一刻，我们更能体会到，生活在一个强大的国家是多么幸福。

观影准备

1. 了解亚丁湾护航的历史背景和中国海军护航编队的相关情况。

中国海军护航编队，是中国海军海外护航的舰船编队，是从2008年年底开始中国海军在亚丁湾索马里海盗频发海域护航的军事行动。护航军事行动是中央军委根据联合国有关决议，参照有关国家做法，并得到索马里政府的同意后进行的。

中国海军护航行动的主要内容是：保护航行在该海域中国船舶人员安全，保护世界粮食计划署等世界组织运送人道主义物资船舶安全。通常护航编队在结束护航任务后，还会对一些航线沿岸国家进行以加强双方军事合作为目的的舰艇访问活动。

2. 也门撤侨行动。

2015年3月29日，中国海军护航编队护卫舰临沂舰停靠在也门港口亚丁，撤离中国公民。3月30日，中国海军护航编队护卫舰潍坊舰载着449名中国公民平安撤离也门西部荷台达港。至此，需要撤出的571名中国公民已全部安全撤离也门。

3. 2014年西非埃博拉病毒疫情。

电影精读

社会矛盾

电影一开始便呈现出极度不和谐的一幕："强拆事件"。此事件直接导致军人冷锋受到军事法庭的判决。具有强烈爱国热情的人看到这一幕，无不痛心疾首，对于年轻的中学生更是如此。对于我们社会上存在的种种问题，我们应该如何正确认识呢？

中学生对社会矛盾是非常敏感的，因此要引导他们正确认识社会矛盾。电影主人公冷锋受到重罚入狱，但此事丝毫没有改变他对国家的那份热爱，一句"一日是战狼，终身是战狼"就是最好的诠释，既要正确认识问题，也要努力去解决问题。社会就是在不断解决矛盾中发展的，我们处在新的历史时期，快速的发展更加凸显了各种社会矛盾，更需要每一位公民提高自己，进而促进社会和谐。

移民海外

　　非洲华裔商人钱必达与冷锋做生意却玩了小聪明。冷锋说："大家都是中国人，这样不好吧？"钱必达却说："我从上个月 14 号下午三点开始就不是中国人了。"还嘲笑说："刚从国内来啊？"到了危急时刻，他又立即想到自己是中国人，前后对比形成了强烈的讽刺。当下社会这种事也不少，有些人已经移民海外，却还利用自己曾是中国人的身份谋取利益。

　　移民海外的华人有很多，有些人还确实做了一些有损国家的事情。当前全球化发展的趋势越来越强，将会有更多的人出国或移民海外，对于移民现象如何正确认识呢？

　　这是一个敏感而有争议的问题，但也确实是我们不得不面对的问题。移民海外的华人，有各种各样的原因，不管是何种原因，如果他们还心系祖国，支持祖国的发展，我们就欢迎这样的侨胞，但这些人里也不是没有害群之马，对这类人我们要区别对待。影片中的商人钱必达只是耍了小聪明，对国家并没有任何恶意。我们当然也能看到，每次国家有事时，海外华人的爱国之举十分令人感动。华人中也有好人和坏人，国内的人也有好人和坏人，好人还是占绝大多数的，不能随便因一个坏人就把一群人贴上标签，这种现象在生活中是很常见的，我们应该坚决抵制此类行为。

战乱爆发和撤侨行动

　　影片让我们真实感受到了战争的残酷，也意识到和平幸福的可贵。当华侨的生命受到威胁时，国家立即调遣海军舰艇冒着危险组织撤侨，而强大如美国也未能如此。尤其电影最后的两个场景，导弹发射摧毁敌人堡垒和高举国旗通过战区，再次将国人的自豪感推向高潮。我们更加认识到，背后的祖国才是最强大的背景。影片的故事都是基于真实事件改编而来，可以讨论：为何我们有那么多华侨在那里？我们为何要这样做？我们又是如何做到的？

1. 为何这样做

可能会有人说，这不是应该的吗？我们有那么多华侨在那里，我们也有这个实力。很多时候我们在享受幸福的时候，容易忽视幸福来之不易。哪有什么岁月静好，不过是有人替你负重前行。

先说华侨，这是全球化发展的一部分，也是我们国家经济发展的表现。这里有我们的工厂，还有前来支援的医护人员，尤其是医疗专家陈博士，这体现的是全球化背景下的大国担当。我们决定进行撤侨，这体现的是国家对国民的爱护和责任。当强大如美国都束手无策时，也显示了国家的意志和人民海军英勇无畏的精神。

当然，我们之所以能够做到这些，最根本的原因还是我们有相应的实力。但我们应该认识到，这个实力绝不是那么容易就达到的，这是我们全国人民在中国共产党的带领下埋头苦干，在艰险中抓住机遇不断发展的结果。我们应当珍惜这来之不易的幸福，更要努力发展下去。

2. 责任与担当

撤侨行动相当困难，我们的军队无法直接进入他国。时间紧急，几十位华侨和陈博士未能联系到。在这危急时刻，因"强拆事件"离开部队的冷锋站了出来，他从没有忘记自己是一位中国军人：一日是战狼，终身是战狼。这就是一位军人的责任与担当，他冒着生命危险完成了几乎不可能完成的任务。在这次行动中，很多人都表现出了令人钦佩的责任与担当。回想这个惊心动魄的过程，想想还有哪些人也表现了责任与担当？

不仅是冷锋，同样是退伍军人的何建国也站了出来。富二代军迷卓亦凡，虽然是个只会纸上谈兵的"熊孩子"，但在危急时刻，他勇敢地拿起武器和两位老兵并肩作战，在战火中完成了从男孩儿到男人的转变。女主角 Rache 在危急时刻坚持留下救助伤员，她的理由是：在这里我不是女人，我是医生。这些就是责任与担当！

电影沙龙

问题讨论一："硬汉"or"小鲜肉"？

问题提示：近年"小鲜肉"成为一种现象，进而引发了"硬汉"与"小鲜肉"的讨论，这部电影更掀起了对这一现象的争论。当今社会更加具有包容性，但对于社会的发展进步而言，哪一方更应该是主流呢？这个问题相信绝大多数人都会认可"硬汉"。不是说不允许追捧"小鲜肉"，只是这种现象不应该是主流，更不应该过度追捧"小鲜肉"而丢失了"硬汉"，毕竟社会的发展需要更多的能够在关键时刻挺身而出的"硬汉"。

问题讨论二：影片中强调了医学博士陈博士的重要性，对你有什么启示？

问题提示：二十多年前，问小学生长大后想当什么，大多数孩子会说想当科学家。但是今天再去问小学生，得到的最多的回答是：当明星。这个明星其实指的是娱乐明星，这种变化让人感到有些痛心，想当明星不是问题，但是如果多数孩子都想当明星，那就是问题了。当今社会，明星的收入和社会地位过高，导致部分人的价值观出现偏差，盲目追星现象严重。而对我们社会的贡献和重要性来讲，科学家无疑是最出彩的明星。

问题讨论三：冷锋冒着生命危险营救员工，但是当他感染病毒时，却又被大家嫌弃，你觉得应该怎么做才对？

问题提示：虽然影片中女主角鄙视众人，但不得不承认，面对无法治疗的病毒，最好的办法还是要隔离。虽然可以不像影片中那样无情，但是为了众人的安全，隔离是必需的。就像面对SARS和新冠病毒不得不进行隔离一样，必须敬畏自然和尊重科学。

问题讨论四：华资工厂员工撤离时，由于只有一架飞机无法全部撤离，因此要把中国员工和非洲员工区别对待，你对此有什么感想？

问题提示：虽然电影里主人公解决了这一矛盾，但并非真正地解决问题，即使按冷锋的计划也是无法进行的，只不过后来的故事情节又发生了变化。战争爆发，会产生大量难民，我们的军舰是负责撤侨的，根本无法解决其他人的问题，因此华侨上船时才会要票，冷锋的非洲干儿子才会被质疑。请珍惜我们的幸福生活，我们今天的和平与幸福，背后是祖国的强大与守护。所以，请珍爱幸福，热爱祖国。

综合探究

1. 电影给我们带来的思考很多，有些可能也存在一定的争议，作为中学生应该有一定的分析能力，就自己关注的问题与同学们进行讨论，写下自己的感受并进行分享。

（1）电影最后，冷锋手持国旗通过了交战区，这种情况可能吗？

（2）我们的海军为何要等到上级命令才能开火？

（3）"国虽大，好战必亡；天下虽安，忘战必危"这句话怎么理解？

2. 电影背后的励志故事。

其实《战狼Ⅱ》幕后拍摄故事就是一部活脱脱的"励志大片"，通过了解幕后拍摄故事你受到哪些启示？

仰望星空，携梦前行
——《十月的天空》

河南省济源第一中学　刘　强

电影信息

导演：乔·庄斯顿

类型：剧情 / 励志

制片国家 / 地区：美国

上映时间：1999 年

荐影理由

今天给大家推荐的电影是《十月的天空》。那年十月,苏联成功发射了第一颗人造卫星,小镇的居民们聚集在一起观看象征科技、如星光般闪耀的奇异光束。还是高中生的侯默也是人群中的一员,他屏气凝神地看着它划过星空,被它的震撼力所感动。在十月的天空下,他看见了自己的未来:造火箭!影片叙述了侯默不屈不挠的追梦精神和最终完成梦想的过程,是一部令人感动的励志电影。电影准确设定人生目标,人类因为梦想而伟大,而坚持让人类的梦想更伟大。电影温暖而又具有引导作用,让孩子们感受到强大的力量、梦想的执着、团队的合作等。看似简单的故事情节却能带给人灵魂的触动。

观影准备

1. 知识准备

世界第一颗人造卫星升空时间是 1957 年 10 月 4 日,是当时的苏联发射的。这颗人造卫星是由苏联火箭专家科罗廖夫制造的,不过由于当时的科技水平所限,人造卫星在升空之后,围绕着地球转了 1400 多圈,坠入大气层,消失了。即便如此,这颗人造卫星,在当时也引起了很大的关注度,主要是苏联是第一个将目标转向太空的国家,随后美国跟苏联便围绕太空开始了很长一段时间的竞争。

我国现在的航天科技成就:长征系列火箭、北斗组网、神舟系列飞船、天宫空间站、嫦娥探月等。

2. 活动准备

准备家庭亲子小调查：《曾经的梦想》。父母和孩子一起写自己曾经的梦想，不同时期不同的梦想，哪些实现了，哪些放弃了，然后互相分享心路历程。

目的：通过调查加强亲子之间的交流与沟通。

电影精读

电影有哪些线索？

影片大概有两条线索：一条是侯默造火箭的历程，一条是和父亲的关系。由于亲情的加入，这部影片避免了说教，显得更加感人和自然。如果没有人在那里发现煤矿，也就没有煤林小镇。父亲约翰·希克曼是整个地区的中心人物，而他也希望侯默接班。但是侯默想走出小镇追寻自己的理想，他想当一名科学家，而他的父亲不理解，所以他们之间不断发生矛盾。父亲是爱孩子的，但是由于孩子没有按父亲安排的成长目标而表现出另一面来。从开始努力踢足球并渴望得到父亲的认同，到造火箭的努力被父亲否定，接着侯默又因为承担家庭责任下矿坑得到肯定。高潮出现在最后 30 分钟，父亲终于肯定和帮助侯默造火箭，并出现在最后一次试飞现场。

电影的主题是什么？

家庭：梦想执着的源泉。

家里只有母亲无条件地支持他，他在地下室做实验时，妈妈看到后会心一笑，悄悄地走开，不打扰他；他把家里刚刚修好的栅栏炸飞了，妈妈没骂他，只是让他注意安全；当他的设计样品在科学展览的前一天被偷时，妈妈说服爸爸让家乡很多人一起给他重新做了一个，最后顺利拿了一等奖。

主人公侯默的父亲，是一家之长，也是一矿之长，是一个固执的男人，像极了守着祖祖辈辈一亩三分地的勤劳农民，他对孩子的爱就是希望子承父业，因为他走过的路、所收获的成就是可以触摸到的。可是，正是做梦年纪的侯默有着自己的追求，繁星满映的天空中，那一闪而过犹如流星般的第一颗人造卫星，悄悄地在他心中播下了一个制造火箭的种子。对此，父亲自然是极度地不满，未知的前途煎熬着内心，他将自己的爱变成了火药灼烧着周围的一切。

他没有继承父亲对矿场的热爱，却继承了他的执着、强悍、自信和勇气，是父亲给予他的这些能量，让他最终用自己的成就征服了父亲，赢得了父亲信任而自豪的目光。

成长：一路坚持

小镇因煤矿而兴，矿工和家属们日复一日伴随着煤矿的采掘过着简单的生活。小镇上有一所高中，很多平民的孩子要靠在足球比赛中获得奖学金才能读书。主人公侯默，小镇煤矿监工（约翰·希克曼）的儿子，却因为体力有限而得不到足球奖学金。但是他有自己的梦想。

看到第一颗人造卫星上天的那个晚上，侯默在晚餐时突然说出了他的梦想：他要造火箭。所有人都震惊了。但他并没有因为别人质疑而怀疑自己,而是说干就干,拉了搭档第二天就造出了自己的第一个火箭,然后是一次次的实验—失败—实验。

梦想实现的过程总与挫折相伴随,在此过程中需要坚持,这不仅仅是对梦想的考验,更是对信念的坚守。侯默圆梦的过程经受住了父亲反对、同学嘲笑、实验失败、森林火灾、作品被盗、家庭变故的考验,而每次挫折都可能使之放弃,尤其是被控火箭引发森林火灾及家庭变故,侯默及其团队几乎已经放弃,如果不是侯默内心的坚持,或许所有的一切都将化为泡影。

侯默的成长故事告诉我们:1.坚持,失败了也不放弃,直到成功。2.为了梦想努力学习。3.创造一切机会让实验成功,面对困难没有退缩。爸爸不让他在矿区实验,他就到无人区去做。材料需要钱,他们就一次次卖废旧铁轨。4.合作伙伴的重要性,寻找有经验的人帮助。当他对火箭什么也不知道时,他找到科学怪胎当好朋友,一起学习、实验、合作。找矿区有经验的老师傅帮忙,让他们相信他的梦想,大家都被他的执着感动,愿意帮助他。

梦想:前进的明灯

影片中的主人公侯默可以说没有任何光环,学习成绩一般,身体单薄,没有特长,没有殊荣。但是,梦想之于一个人的价值是无法估量的,尤其是这种纯粹的梦想,这种一心想改变命运,就算百万分之一的概率也敢闯敢拼的冒险精神让人钦佩不已。

侯默没有健壮的身体,他不擅长体育,并且他父亲也一心想让他接班,他的命运似乎注定今后像父亲一样去挖煤。但侯默不甘于平庸和现状,并没有接受命运的安排,一心想走出煤林镇。

当他看到苏联第一颗卫星在夜空中流星般划过的时候,他有一个让人吃惊的梦想——他要造火箭。

这个梦想一直支撑他执着地坚持下去,并最终取得了成功。梦想的力量战胜了一切困难和挫折——父亲的极力反对、校领导的阻挠、一次次的失败……是梦想让他在一次次的失败后选择了坚持,是梦想让他在放弃后重新研究。梦想的巨大力量,指引着他走向成功。

国家:油然而生的社会责任

黑格尔说:"一个民族有一些关注天空的人,它才有希望;一个民族只是关心脚下的事情,那是没有未来的。"当苏联第一颗卫星上天后,无数美国人仰望星空,也许有些人感觉无所谓,但是以侯默为代表的一些人则由此产生了要"造火箭"的梦想。许多美国人如同被人狠狠扇了一巴掌似的,影片中也提到要"超越苏联"的社会责任感。

17岁的侯默与我们高中生年龄相仿,当他看到苏联的卫星在头顶上飞过,想到美国已被苏联超越,心中想着要造火箭,要让美国超越苏联。

我们也一定遇到过这样的情况,我们也有许多地方不如西方国家,那么中国的年轻人在追求什么?在关心什么呢?

鼓励与合作:让梦想成真

影片中,我们看到了互助互信的亲情、友情,也看到了师生情。在侯默筑梦的过程中,是他的老师,在他陷入困境时为他指引道路，在他遭受打击甚至要放弃时，将他从悲恸中拉起，给予他重生的动力与希望。老师的鼓励对侯默来说就是一颗照亮天空的启明星，点燃了他勇于创新的勇气。

侯默的创新和不放弃精神确实令人钦佩，但是成功的另一个重要因素是他组成了一个很好的团队。当然除了他们四个人，也有小镇上其他人的帮助，他的父母、煤矿工人、老师等。要不然仅仅靠几个异想天开的学生以及简单的材料设备是很难成功的。因为要想让一个梦想计划取得成功还得靠周围人的支持，得靠许多人一起合作才能实现。

电影沙龙

沙龙设计的目的：通过亲子之间、师生之间共同讨论电影，一方面了解孩子的想法，关注青春期孩子们的理想信念。另一方面通过电影引导孩子树立梦想，勇于追梦；引导孩子们学会合作，坚持梦想。

问题讨论一：电影中的主人公侯默多大？这个阶段的孩子有什么特点？影片对当下的中国高中生有何启示？

问题提示：主人公侯默17岁。这一阶段不仅是一个人的人生观、世界观形成的重要时期，同时又是增长知识和才干的重要时期。引导孩子们克服这个年龄阶段的缺点，发挥优点。确定人生梦想，用智慧去追求，去创造奇迹。

对我们高中生的启发。影片开始的场景是最令人激动的，无数美国人仰望星空的那一幕。在冷战的大背景下，美国社会上下，从华府政要到蓝领工人，从五角大楼到偏僻乡村，都被这一壮举深深震撼了。即便在落后的煤林镇，矿工们热切地聚在收音机前收听广播。我们当下的中学生关注的又是什么？

当美国的小侯默们在用心探索火箭的时候，中国的年轻人在追求什么？在关心什么？侯默看到苏联卫星划过天空，油然而生责任感，确定了自己的人生目标——造火箭。

问题讨论二：侯默与父亲为什么会产生矛盾，他与父亲有没有相同之处？

问题提示：对于侯默来说，生于斯，长于斯，子承父业。这样的想法在早年的乡村和小镇尤其鲜明，这是一种习惯，是父母对子女的保护。父亲也许会认为你想要什么，会硬塞给你无数不愿接纳的事物与安排。而一旦你真正撒开双腿开始追逐，带着七分疑虑三分信任的父亲还是会给予你足够的帮助。你有所成就的时候，父亲发自肺腑的祝贺也不会迟到。父亲从来不是梦想的阻碍，而是一面坚强的后盾，也许表面并不养眼，其内在却与你、与你的梦同在。

电影最后，侯默对父亲说："我知道我们对某些事情有不同的看法，但我相信我会有一番成就，并不是因为我和你不同，而是因为我和你相同，我和你一样固执、一样强悍，我只祈求我能成为像你这样好的人。"

问题讨论三：你认为这部电影最打动你的是什么？请用几个关键词来概括。

问题提示：如果说关键词，比如梦想、成长、坚持、团队、责任。请自己选择一个关键词来说明如何打动你。

综合探究

1. 回答问题

由于时间关系，我们远没有讨论完电影中的所有问题，那么看完电影后，你们能否再解答下列问题呢？

（1）当侯默不顾所有人异样的目光接触"怪胎"昆汀，这意味着什么？

（2）最后侯默让父亲来发射火箭说明了什么？

（3）侯默最后喜欢的女孩是哪一位？你对友情是否有更深刻的理解？

2. 问题征集

如果你有奇妙的想法，请在下方留言并写出你的答案来，我们比一比谁是最厉害的那个人。

输掉的是比赛，赢得的是人生
——《卡特教练》

河南省济源第一中学　于江洪

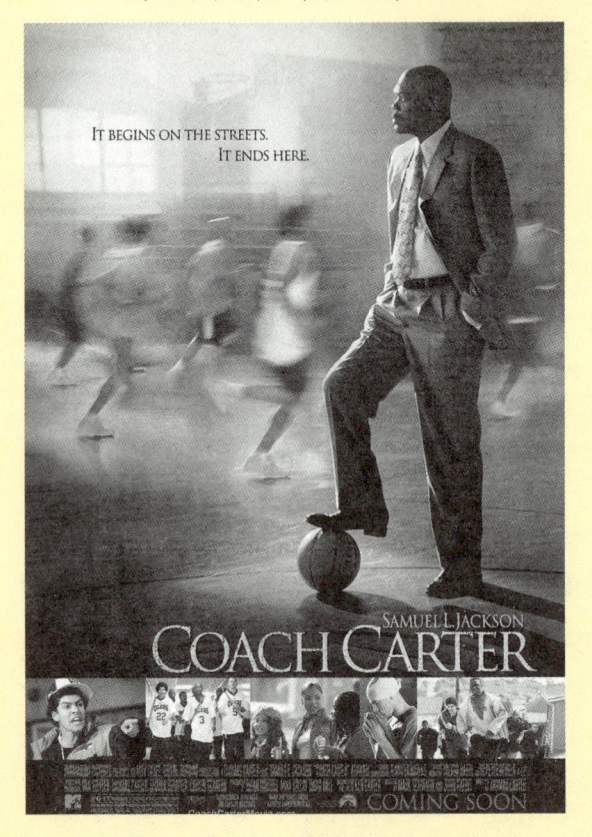

电影信息

导演：托马斯·卡特

类型：励志 / 体育 / 剧情

制片国家 / 地区：美国

上映时间：2005 年

荐影理由

今天给大家推荐的电影是《卡特教练》。电影来自真人真事，讲的是卡特教练如何把一支屡战屡败、互相推卸责任、一盘散沙的球队打造成一支积极向上、团结、充满激情的常胜球队，一群不学无术、上场必输的颓废青年也改头换面，最终都实现了自己的人生理想。

观影准备

1. 知识准备

（1）你知道与篮球有关的知识吗？

篮球运动起源于美国，是马萨诸塞州的体育老师詹姆斯·奈史密斯在1891年12月21日开创的，是以手为中心的身体对抗性体育运动。篮球运动于1896年传入中国，1904年作为奥运会的表演项目；1936年在柏林奥运会上被列为正式的奥运项目；1992年在巴塞罗那奥运会上，职业篮球运动员允许参加奥运会。2002年我国著名篮球运动员姚明进入NBA（NBA为当今世界篮球水平最高的联赛，我国的是CBA）。

（2）了解篮球比赛场地标准、运动规则、技术术语等。

2. 活动准备

准备家庭亲子小游戏：你来比画我来猜（主要技术规则）。

活动目的：通过活动加强亲子之间的交流与沟通，并掌握主要技术规则。

电影精读

主人公是怎样改变球队以及球员的命运的？

怎样改变球队？不同的孩子有不同的回答。有的孩子说，靠的是铁腕，因为电影很多情节显示的是卡特教练对违反规定者决不妥协，甚至不惜丢掉自己的工作；有的孩子认为，首先让球员有一个好的精神面貌，比如穿西装、打领带，上课坐前排，学会说"sir"。其次，培养他们的团体意识，增加球队的凝聚力。最后，真正地爱他们，为他们的未来着想，要求学生的成绩必须达到一定标准才能训练、比赛等。

球队出现什么问题以及卡特教练是怎么应对的？

电影中的里士满球队一出场就输掉比赛，球员没有荣誉感，基础不扎实，球员不团结，如球员在球场上互相抱怨、不知道补位，在更衣室互相嘲笑、互相不尊重、大打出手等。究其原因是球员已经输得麻木了，也懒得进行系统训练，一有时间就去训练场外寻乐子，比如有的吸毒贩毒，有的私生活混乱、携带枪支、打架斗殴等。让学生用自己的语言去总结，只要有这些词中的三个就算对（如不团结、没有纪律、没有荣辱感、基础不扎实、游戏人生、没有目标等）。卡特教练从最基础的尊重别人做起（称呼对方"sir"），和球员签订协议给他们以目标，并坚信自己的决定（在两个主力得分手拒绝签订协定而离队后还信心饱满地告诉剩下的球员，他们中会产生新的得分手，这样给剩下球员以信心，并把自己的计划告诉球员,先提高基本身体素质,全部达到要求才能进行下一阶段的训练)。

卡特教练签订的协议及目的

卡特教练签订的协议是:1. 每个球员的文化课成绩必须达到2.3分。2. 所有文化课都要上,上文化课要坐前排。3. 正式比赛的时候,赛前要穿衬衣打领带。

卡特教练宣布基本的纪律:1. 尊重别人;2. 守时;3. 服从教练安排,如有违反,除个人接受惩罚外,整个球队的成员跟着受罚。并且一开始就严格执行,就连自己的儿子因为第一天进球队找不到地方也不例外,显示了他的铁腕手段和执行力。

教练这样做的目的是什么?

1. 增强他们的身体素质,使他们更好地适应比赛;2. 培养他们的团队意识;3. 培养他们的自信心;4. 为他们进入大学做准备。很快,他的球队精神面貌焕然一新,有了人生目标,并且走上连胜的道路。

成为赢家后有没有出现新情况及对策?

球队连胜成为赢家,但出现了新的情况:1. 球队膨胀了,不去尊重对手(在比赛中羞辱对手,特别是获湾丘冠军杯后,半夜溜出去参加派对);2. 场下开始放肆了,又出现以前生活不检点的情况;3. 很多球员对待学习不认真,还有大部分球员经常逃课,学业成绩达不到要求。

卡特教练接着要求他们自尊,不要用"nigger"称呼自己和别人，然后尊重对手，并且以冠军的姿态尊重对手。在学业上，抽查球员的上课情况，从球员的文化课老师那里了解球员的学习成绩。结合学校，知道球员的真实文化课水平，并顶着压力按照协议取消训练，乃至比赛。他指出如果这些球员连这些简单的协议都无法遵守的话，那么他们走上社会就肯定离违法犯罪不远了。

禁赛效果及球员未来

卡特教练的良苦用心被球员们理解，他们支持教练的决定。即使学校委员会通过取消禁赛的决定，他们也把教室搬到体育馆，最终球队的每个人都达到协议的要求，继续球队的连胜。球队还被邀请参加了全州大赛，虽然球队在决赛中以两分之差屈居亚军，但就整个球队表现来说虽败犹荣，每个人都获得了对手的尊重。球队每个人的人生在这个赛季得到升华，虽然没有获得冠军，但他们已经拥有冠军之心。

球队在这个赛季结束后，有6人上了大学，5人获得了奖学金，整个球队的球员最后都上了大学，卡特教练的儿子打破了卡特教练保持的球队纪录，并顺利考上了西点军校。

电影沙龙

设计目的：通过亲子之间、师生之间共同讨论电影，一方面通过讨论电影了解处于青春期孩子们的思想，另一方面通过电影引导孩子们学会如何面对挫折，如何成为赢家。

问题讨论一：电影中的故事发生在美国的里士满，里面有个叫克鲁兹的球队刺头如何走向成功的？

问题提示：里士满市社会的底层小区大部分是黑人，吸毒贩毒成风，携带枪支的混混到处都是。克鲁兹是球队最难管理的球员，他嘲笑队友，不服管教，吸毒贩毒，携带枪支，目无纪律，容易冲动，我行我素。卡特教练首先教他如何尊重别人，遵守纪律，还及时发现他的优点，给他改错的机会（两次）。不会因为他曾经冒犯过教练而不给他上场机会，后来因为球队一部分球员文化课不过关，教练宣布禁赛时他宣布退出球队，跟着表哥贩卖毒品，目睹表哥在街头被枪杀后幡然醒悟，认真学习文化知识，认真打球，最后考上大学。

问题讨论二：卡特教练经常问球员的一句话是什么？他想告诉球员什么？

问题提示：问球员，你最害怕什么？他想启发球员学会思考，正视自己内心，而不是枯燥地说教。其实让球员多思考，而不是冲动做事，学会理性做事。这件事在吉拉和凯瑞恩的爱情故事中可以看出，刚开始他们两个只是凭借青春期的冲动在一起，没有考虑后果。这在吉拉怀孕后凯瑞恩的反应可以看出，他手足无措、抱怨、推卸责任、逃避现实（差点儿分手），后来经过认真思考（时间有点长），认为自己还是很爱女友的，就主动承担责任，获得女友谅解。

问题讨论三：从电影中学到了什么？

问题提示：这是一个开放性问题，可以从多个角度来回答。1. 从教育者的角度，就是每个学生都有希望，除非自己放弃；要引导学生学会尊重，团结谦让；既能像赢家一样赢，也能接受失败；允许学生犯错，并给他们以机会；要因材施教；给年轻人灌输正确的价值观。2. 从球员角度，人生要有目标，不能随波逐流，要学会思考，正视自己的内心；学会团结，学会时间管理，确信自己能成为赢家。3. 从管理者角度，从以下几方面打造高效团队：（1）选有威信或者会树立威信的人；（2）有团队目标，像赢家一样去打球；（3）有团队的规章制度；（4）没有完美的人，只有完美的团队；（5）会激发士气和斗志；（6）获得内部和外部的支持；（7）团队角色分配很重要，团队的合作意识；（8）打造一个高效的团队，必须根据团队的具体情况来实施。4. 也可以从家长的角度思考；等等。

问题讨论四：电影为什么把结果设置为球队输了，它想告诉我们什么？

问题提示：教育不只是成功教育，也应该有挫折教育，引导球员不只是像赢家一样赢，也能像赢家一样输。

问题讨论五：电影中有哪些令你热血沸腾的话？
这是一个开放性问题。

1. 克鲁兹在体育馆里的话：我们最怕的不是别人看不起我

们，我们最怕的是我们前途无量。我们真正怕的是我们光明的一面，不是我们阴暗的一面。随波逐流者一世徒劳，没有努力就不会有成就。你身边的人也会因此为你自豪，我们都前途无量，不光是我们，所有人都一样。让我们发挥潜能，我们身边的人自然而然也会效仿；让我们从恐惧中解脱出来，我们的行为也能让他人解脱。

2. 最后一场比赛，球队以二分之差输给了州冠军。更衣室里，卡特教练意味深长地说："我们没有赢，但你们表现得像冠军一样，你们从没放弃，冠军高昂着他们的头，但你们今天得到的远远超出输赢所得到的，你们已经得到了胜利的精髓。先生们，我为你们感到骄傲。四个月前，我来教篮球，你们是学生，还是男孩儿，而现在，你们成了男人，就为这个，我感谢你们。"

3. 不要着急，最好的总会在不经意中出现。

4. 不要因为结束而哭泣，微笑吧，为你曾经的拥有。

5. 属于你的东西，你要拼命争取。

综合探究

回答问题

1. 本影片是典型的美国式的励志故事，本影片具有美式励志电影的哪些特点？

2. 你还看过哪些励志故事电影？

3. 电影反映了美国教育的什么问题？

心之所向，梦自远航
——《逆光飞翔》

中国科学技术大学附属中学　李文贺

电影信息

导演：张荣吉

类型：剧情 / 爱情

制片国家 / 地区：中国

上映时间：2012 年

荐影理由

今天给大家推荐的电影是《逆光飞翔》。电影改编自真人真事，男主人公盲人黄裕翔本色演出，本片充满爱与温暖，又具有心理疗愈作用。主角之间演绎着默契的友谊和互助激励，解决的问题是遭遇成长困境的青少年如何用自己的"眼睛"看到和感受到来自身边的爱和温暖，突破和整合自我。电影引导青少年通过积极探索和勇敢前行，走在追逐梦想的路上。

观影准备

准备家庭亲子小游戏：我说你画。

这个游戏有两个角色：一个是绘画内容传达者，即说者；一个是倾听绘画者，即画者。传达者要把选定的图案用语言表达给倾听者，表达应完整、清晰。倾听者在听的过程中要把所听到的内容画出来。双方确认完成后，对比最终图案是否一致。

目的：通过活动加强亲子之间的交流与沟通，同时感受沟通中信息传达的偏差。

电影精读

童年阴影

电影剪影期呈现了音乐天分超凡的盲人黄裕翔童年时比赛获得第一名，却被同学说是因他眼盲被同情才获得第一名的，同学对他获奖原因的质疑化成他成长背后的一道阴影，在电影开头以昏暗的剪影呈现，他从此不愿参加任何音乐比赛。

> **教育启示**
>
> 著名心理学家荣格认为："一个人毕其一生的努力都是在整合他自童年时期起就已形成的性格。"童年阴影很多时候来自家庭，还有些来自社会，特别是同伴之间，不良的沟通方式和不经过滤的伤人语言，都有可能给别人留下一生的阴影。"良言一句三冬暖，恶语伤人六月寒。"人际交往与沟通中，存善念，说好话，就是人际沟通最好的方法。

原生家庭

原生家庭是指儿女还未成婚时仍与父母生活在一起的家庭。电影中黄裕翔有着和谐美好、互相支持和关爱的家庭，母亲在他成长中给予鼓励和细腻陪伴；妹妹在他需要时及时充当拐杖，给予扶持和人际交流；父亲对他独立生活能力及时肯定和鼓励；周围邻居的关爱也在交流中体现出来。来自原生家庭的爱成就了他微笑面对生活，对生命抱有乐观态度的生命底色，嘴角的那抹腼腆、温和的微笑彰显了他成长中勇敢面对生活的点滴积累。

盲校毕业的黄裕翔进入音乐学校，并将在以后的日子里独自生活。开学初，他感到被部分同学视为累赘，决定独自到琴房练习。母亲在听到他的决定后选择陪伴他练习，并站在他身后看着他进行自我锻炼，同时温和而坚定地告诉他"我在你后面"。"我在你后面"意味着你大胆尝试，也意味着遭到挫折时我在陪着你。母亲的温和坚定是他安全感的来源，构成了他汲取原生家庭中爱的力量。

女主角小洁在裕翔迷路的十字路口出现。小洁酷爱舞蹈，男友就是因为喜欢她跳舞而爱上她。高中毕业后因家庭原因她到快餐店打工，她的母亲一心希望她多赚钱，极力反对她跳舞。她的舞蹈梦想因此搁浅。

> **教育启示**
>
> 原生家庭的沟通模式及家庭氛围对孩子的人格成长起着关键作用。原生家庭中夫妻沟通、亲子沟通的模式会影响孩子与人沟通的方式；原生家庭中对生命的对待会影响孩子的生命观、社会价值观。

朋友关系

黄裕翔入学几天后遇到了喜欢插科打诨的体育系室友，他不拘小节却天性善良。黄裕翔加入同龄社团，受到同伴的接纳和认可，在朋友团体的团结氛围中体验合作的意义，并一同为期末公演排练。黄裕翔在室友等人的陪伴下走上专业舞台，这些朋友关系影响着他的成长和自我认知。小洁在他迷路的十字路口经过，带他过马路，送他去盲校教小朋友音乐，与他交流各自的梦想，接纳理解他并在他处于心理困境时带他夜闯公共教室，一起弹琴，感受舞蹈，沙滩漫步，与他一起体验从未经历过的人生冒险。小洁作为他朋友中的重要他人对黄裕翔走出心理困境，冲破童年心理阴影起到了非常关键的作用。"如果对喜欢的事情没办法放弃，那就要更努力地让别人看到自己的存在。"黄裕翔的温和、勇敢和对生活的热爱也感染着小洁，他们背后的逆光照进了彼此的生命，带来温暖向上的力量。同时在小洁的生活中，奶茶店老板一直支持她跳舞，并提供力所能及的帮助。朋友的支持给他们的生命带来了青春期正能量，这份正能量足以使他们突破阴影，支撑其在逆光中起飞，并勇于追逐自己的梦想。

> **教育启示**
>
> 在青春期的关键阶段，朋友的支持和帮助对于一个人的成长有着重要意义，朋友是青春期孩子与社会联结的重要纽带，特别是在他们以后的人生中，能够更好地帮助他们在社会上生存。拥有良好的、信任互助的朋友关系，对于他们人格的健全和自我同一性的构建有着重要意义。

重要他人的社会支持

黄裕翔在音乐学习中遇到了新的音乐教师，新老师肯定他的音乐才能，让他充分发挥自己的强项，让他担任同学们音乐学习的钢琴演奏者，在遇到专业比赛组队问题时鼓励他参加专业比赛。作为黄裕翔成长中的重要他人，新老师不仅在专业学习上给他带来专业成长，也在他遇到成长困境时给予了重要的帮助，甚至在影片最后黄裕翔和室友走向专业舞台受阻的情况下，果断把他们带到舞台后台，并鼓励黄裕翔最终走向舞台，开始他绝佳的比赛演奏。同样，小洁也在舞蹈学习班遇到了影响她专业成长的重要他人，舞蹈老师唤起了小洁的舞蹈梦，同时在小洁练习舞蹈过程中严格要求，在信念上不断鼓励。黄裕翔和小洁成长路上的重要他人，都在他们的专业成长道路上起到了举足轻重的作用，也构成了他们积极的人生成长经历。

> **教育启示**
>
> 　　每个人在成长过程中必然经历学业和专业的成长，优秀的专业引领者不仅提升他们的专业素养，也在很大程度上影响着他们的自信心和成就感。从人生历程看，成长中的重要他人可能是父母、同学、朋友、老师，也可能是互动性的重要他人，也可能是偶像性的重要他人。这些重要他人都对孩子的人际关系和社会化生活起到重要作用。

电影沙龙

　　沙龙设计的目的：通过亲子之间、师生之间共同讨论电影，一方面可以了解孩子的想法，同时通过讨论感受孩子内心深处对人际关系特别是亲子关系的认知；另一方面通过电影引导孩子学会面对问题解决问题，独立担当。

　　问题讨论一：电影中黄裕翔家庭成员都有谁？他们之间相处的特点是什么？

　　问题提示：黄裕翔的家庭有四口人，分别是爸爸、妈妈、妹妹和他。妈妈对他的照顾很细腻，同时又尊重和帮助他实现自己的梦想，并在成长中培养他的独立能力；父亲为家庭辛苦劳作，促成了黄裕翔坚强的性格；妹妹是黄裕翔的"拐杖"，也是他的"眼睛"。这一家温馨宽容，相互接纳，相互扶持。

问题讨论二：在黄裕翔决定独自从宿舍到琴房的晚上，妈妈是如何帮助他的？妈妈为什么这么做？

问题提示：妈妈既陪伴又及时放手，培养黄裕翔独立自主的能力和品质。真正的爱一定是给予孩子们具有飞翔能力的爱。

问题讨论三：如何认识电影中黄裕翔陪小学生弹琴时与小洁关于梦想的对话？

问题提示：关于梦想的讨论让两人各自的梦想更加清晰，也为后面逆光飞翔的两人积累了动力。两人对梦想的不同思考又映射出两人不同家庭环境对各自梦想的影响。

问题讨论四：黄裕翔在与室友们一起参加校园大赛和到达专业大赛现场时，他的心态有何不同？

问题提示：电影中黄裕翔在与室友们一起参加校园大赛时，他的心态是促成他人成功，或者是团队成功，此时他自身的能量是可伸缩的，他在团队中可以自如发挥；参加专业大赛时，他已经明白，他必须成功，必须绽放，让更多的人看到他和伙伴的努力。

综合探究

回答问题

1. 如何认识小洁知道母亲的想法后仍然赚钱给母亲的做法？
2. 黄裕翔邀请小洁去他家时，他的母亲与小洁的对话对小洁和黄裕翔的成长有什么影响？
3. 黄裕翔的母亲为什么会出现在比赛现场？

致我们最好的时光
——《老师·好》

河南省济源第一中学　褚小敏

电影信息

导演：张栾

类型：剧情

制片国家/地区：中国

上映时间：2019 年

荐影理由

关于青春和校园的电影,大家看过的大多以青少年为主角,今天推荐的电影《老师·好》是从学生的视角来观察和回忆老师,别具一格而又立意深刻。一起走进这部温情而又带着时光记忆的电影吧,和影片里的人物一起经历,共同成长。

观影准备

1. 知识准备

电影里的配乐是氛围营造和情绪渲染的重要道具,尤其是相应场景中的流行歌曲,更烘托出了浓重的时代感。《老师·好》里九首歌曲哪首歌最能触动你的内心呢?你对哪一首印象最为深刻?

歌曲展示:

第一首:《金梭银梭》。这是20世纪80年代广为传唱的一首歌,歌曲内容充满了朝气蓬勃的气息,劝诫人们要珍惜美好时光。作为电影开场曲很是应景,歌曲结束,高一(3)班的故事正式拉开大幕。

第二首:《路灯下的小姑娘》。放学之后,几个人去歌舞厅跳舞,当时的背景音乐就是《路灯下的小姑娘》:亲爱的小妹妹,请你不要不要哭泣……这首歌反映了改革开放初期国内兴起的重新填词外文歌曲的潮流,这首歌在当时很有名,也和影片中歌舞厅的场景契合。

第三首:《吉米来吧》。王海等人正式向苗老师宣战,第一件事就是拆了老师的新自行车后挡板。他们派蒋文明去老师办公室拖延打掩护，蒋文明又是问题又是检讨，最后不得已当着老师们的面跳起了 disco。

第四首：《我们走在大路上》。这是 20 世纪 60 年代一首相当鼓舞人心的歌曲，在影片里共出现了三次，其中一次是洛小乙入团未遂，把苗老师自行车的油漆刮个精光在操场亮相，这时校园广播正放着这首歌。

第五首：《阿里巴巴》。这是当时 disco 热门曲目。这首歌在影片出现时，"文明建设二人组"跟着乐曲跳舞，结果没过够瘾，录音机就被主人拿走了，于是两人下决心买一台真正属于自己的录音机。

第六首：《让世界充满爱》。郭峰所做的《让世界充满爱》是一首公益歌曲，由当时一百多位流行音乐歌手演唱，这首歌共三部分，影片中呈现的是第二部分。

第七首：《冬天里的一把火》。这首歌也是当年的流行歌曲，在恰当的时机再现年代特色。

第八首：《莫斯科郊外的晚上》。静静的晚自习，教室里响起一阵悠扬的口琴声，苗老师吹奏了一曲《莫斯科郊外的晚上》，而闻声赶来的老师，只是轻轻推开教室门，微微地笑着。高考考上北京大学中文系，苗老师却因特殊原因不能上学，他再次吹起这首《莫斯科郊外的晚上》，然后失声痛哭。

第九首：片尾曲《谁》。《谁》是小柯主唱的片尾曲，作为《老师·好》的推广曲目，小柯重新编曲填词，并与校园歌手老狼一起合唱，唤回大家对纯真年代的校园回忆。片尾曲的深层含义，也在余韵悠长中引发观众的深沉思索。

2. 活动准备

职业生涯规划：谈谈你的职业理想。

目的：通过活动了解高二学生的目标和理想，尤其有些同学受老师影响想成为一名教师，有些则是在老师的指引和启发之下理想信念更明晰、更坚定。

电影精读

师生关系

电影中的师生关系有三个阶段的变化。

第一个阶段是开学之初的较量。开学的第一节课，苗老师以他丰富的带班经验迅速抓出班里的特殊学生。老师的这一做法让学生们感到老师太严厉了，他们给老师起外号"苗霸天"，意思是老师一手遮天。寓意哪里有压迫哪里就有反抗。

第二个阶段是学生报复老师，处处与老师作对。他们对老师的自行车下手。自行车于是开始了它的历险生涯，电影围绕自行车展开了一系列有趣的故事。但是自行车由对老师报复的工具最后演变成了对老师守护的象征。这是师生关系的重大转折。

第三阶段是休戚与共。随着老师与孩子们的较量，孩子们渐渐体会到老师是真的为他们好，为他们的前途和命运着想，所以孩子们也真心实意地对老师好。他们相互守护，相互成全，这是一种理想的师生关系。

> **教育启示**
>
> 首先，良好的师生关系的出发点一定是老师真心真意地为孩子们好，替他们着想。把他们往正路上引，这是师生关系良好的前提。其次，老师对学生真正的接纳。电影中苗老师接纳洛小乙，对他从来没有放弃过，即使他与社会上的人鬼混，苗老师依然把他找回来。正是这种开放与接纳改变了孩子们的认知，改变了孩子们的行为，孩子们真心诚意地愿意喊：老师好！

人生目标

电影中苗老师想让孩子们考大学，考上大学是改变人生的机遇。所以他强制性地看守他们，无偿地为孩子们补课，鼓励文静报考北京大学。

苗老师是影片的主角，他的人生经历了历史动荡、高考失利、成为老师。遇到这些学生，在这段最美的时光里，他希望孩子们都会有出息。

> **教育启示**
>
> 现实中会有很多孩子不理解，认为社会改变了，条条道路通罗马，人生成功的方式有很多种，高考不是改变人生的唯一机会。所以孩子们不再愿意服从老师的管理，不再愿意听从老师的忠告。成功虽然有很多种方式，但大学生活带来的是人的知识和素养的提升、眼界的开阔以及格局的改变。

大学会给孩子们提供很多成功的机会。大学不是人生的终极目标，而是提升人生品质的熔炉和场所。

脉络与情感

　　这部电影讲述的是师生间的故事。安静的校园、率真的学生、认真的老师，他们炽热、真挚的感情——师生的真情、朦胧的爱情、互助的友情，这些情串起了整部电影，撑起了人物的丰满，也深化了我们的思考。那么，哪些情节让你印象深刻？或者说，你在谁身上看到了自己或者身边人的影子？哪些情节似曾相识？那些最难忘的人和感情，或者承载你岁月回忆的一首歌。

　　谁在爱我，我在爱着谁？

　　谁在等我，我在等着谁？

　　这种爱，不仅仅关乎爱情，也包括师生情、友情。

　　谁在等你，你在等着谁？

　　谁在爱你，你在爱着谁？

★ 教育启示

　　高中可能是你们求学生涯中一段最难忘的时光，这个时候，你们的身体正在成长发育，而精神更是在充实丰富。高中更是人生中非常重要的一个阶段，你的世界观、人生观、价值观会初步形成，无论是高一、高二还是高三，每一步成长都在为你的人生奠基。而我们全体教师，愿意做你们成长过程中尽职尽责的守护者、扶持者，陪你们解疑释惑攀登知识高峰，陪你们共同感悟生活、体验成长，陪你们在每一天的日出日落中细数今天进步了多少，有哪些收获，如何更好地充实和完善自己，真正成为未来社会最合格的建设者和接班人，真正成为你们心目中一直期望的自己。

电影沙龙

沙龙设计的目的：通过师生之间共同讨论电影，一方面了解学生的想法，知道他们内心深处的不安与焦虑、纠结和反复；而学生也可以体会老师的苦心，明白老师谆谆教导和言传身教背后的拳拳真情。另一方面通过电影引导师生相互理解，共同成长。

问题讨论一：你最喜欢这些学生中哪个角色？

问题提示：骄傲任性的关婷婷、文静好学的安静、桀骜不驯的洛小乙、调皮机灵的王海……这些人物，是影片中的学生形象，也是你、他和她，或者是当年学生时代的老师自己，你最喜欢哪个人物？最喜欢他什么？为什么？

问题讨论二：你认为师生之间、同学之间相互理解吗？

问题提示：伴随着一次又一次的误会、冲突、和解，他们的感情在三年的时光里一点点凝聚并在以后的回忆和重温中深化与升华。当他们回忆起这一段经历时，更多的是相濡以沫的美好，是相互成全。

问题讨论三：同样处在高中阶段人生分岔口的你，会如何选择自己的职业和人生？

问题提示：苗老师最后选择了读师范当老师，教好书、育好人是他的人生目标，也是他的人生追求。这是对生活和事业的无比热爱，是对奋斗和拼搏的执着向往。他爱他的学生，也更严格要求他们。影片中他的学生王海，也成了一名教师。然后，回忆和记录，就有了呈现在影片中的苗老师，也有了这样一部以老师为主角的青春校园电影。孩子们，你们如何选择职业与人生呢？请认真思考吧！

综合探究

演一演：模拟一场师生关系的冲突与和解的情景剧。

阶梯电影九

🎬 高三年级的孩子既面临学习和考试的巨大挑战，又面临职业的选择与困惑。在疫情蔓延的特殊时期，他们面临的压力更大，所以这一时期的电影我们不仅要加强对他们的心理引导，更要注重他们的人文精神的形成、国际视野的拓展以及家国观念的深化和人生规划的引导。我们通过电影引导他们学会独立理性地思考问题，积极勇敢地面向未来，懂得职业操守、社会责任与担当。

世上无难事，只要肯攀登
——《攀登者》

河南省济源第一中学　刘雨雷

电影信息

导演：李仁港

类型：剧情 / 爱情 / 冒险

制片国家 / 地区：中国

上映时间：2019 年

荐影理由

今天给大家推荐的电影是《攀登者》,电影惊险而又催人奋进。在全国抗击疫情的特殊环境下,通过回顾一段尘封已久的历史事件,坚定孩子们战胜困难、最终赢得胜利的信心,同时感召孩子们热爱祖国,培养愿为国献身的爱国主义情怀。

观影准备

1. 知识准备

了解珠穆朗玛峰的相关知识,特别是气候条件和攀登记录。

2. 活动准备

五十次深蹲后憋气1分钟

设计目的:这里模拟珠峰大本营的一个体能训练项目,通过活动体验攀登者的训练难度。

电影精读

攀登珠峰的时代背景

我国第一次攀登珠峰是在1960年,当时国家正值三年困难时期,同时,印度实行激进的前进计划,企图侵吞我国领土(这也是直接导致1962年中印冲突的原因)。

珠峰的另一边是被印度控制着的尼泊尔。当时,关于珠峰归属的边界谈判正在关键时期。1953年,尼泊尔籍的丹增·诺尔盖作为英国登山队的高山向导,从南坡成功登顶珠峰,尼泊尔对此大肆宣扬，其目的不言而喻：你们中国人都没上去过，怎么能说是你们的？

在这样的国际环境下，中国人登顶珠峰已经不是纯粹的登山运动了，更多是为了宣示主权，是为了保卫领土，是为了证明珠峰北侧甚至整个西藏都是中国合法领土。这使得攀登珠峰的登山队员们，陡然间肩负了一项庄严的国家使命。

中国登山队首次攀登珠峰

过程如何？

1960 年攀登时，登山队员共 10 人，队长徐浩天。没有前期勘探，没有后勤保障，登山队在海拔 6800 米的珠峰北坳遇到雪崩，紧急下撤的过程中，6 名队员牺牲，队长重伤，仅有方五洲、屈银华和杰布存活下来，在队长临终前，方五洲临危受命接任队长一职，率领另外两人成功登顶。

为什么存在争议？

在雪崩当中，方五洲为营救摄影师屈银华，丢掉了屈银华的摄影机，因而没有留下在峰顶的影像数据，因此这次登顶被世界登山界所怀疑，故而为 1975 年再次向珠峰发起挑战埋下了伏笔。在 10 分钟的故事讲述中，五分之一的时间展示了队员们到达第二阶梯后，面对四五米高、近 90° 的岩壁，三位勇士用艰苦决绝的克服方式——人梯。曲松林为了不让靴钉扎伤队友和防止打滑，毅然脱掉鞋子攀爬，最后导致切掉半个脚掌。

中国登山队第二次攀登珠峰

和第一次有何不同？

1975年，登山队和考察队共计400多人开始第二次攀登珠峰并开展科学考察活动。这次登山条件有了很大改善，有曲松林为前线副总指挥统筹安排，有杰布任队长的后勤队打前站，有徐缨任队长的气象队保驾护航，突击队长仍由方五洲担任。按说应该有很大胜算，但对于挑战珠峰而言，永远没有充足的准备这一说法，挑战行动依然是一波三折。

过程如何？

在首次冲顶行动中，当队伍行至海拔8300米的突击营地时，遇到了近十级的风暴，所有帐篷被吹飞，经过险象环生的较量之后，队员们只得钻进睡袋趴在梯子上抵御寒风。在这个过程中，队员杨光因为把自己的睡袋借给别人，冻伤了双腿而截肢。队长方五洲也因为营救下撤时掉队的气象组而受伤，队员们气势一度陷入低谷。

队长受伤，为不错过窗口期，摄影师李国梁自告奋勇，申请担任队长，并顺利带领队员到达第二台阶。就在准备搭梯子冲顶的时候，意外发生了，一个队员从梯子上滑落，跌落的氧气瓶击中李国梁，被击晕的李国梁连同其他队员极速向山崖边滑去。虽然队员们在最后关头及时停下，但李国梁已然四体凌空，仅靠一根绳被队友拉住。身受重伤的李国梁已无爬上去的力气，而上面的队友也无法拉他上去，在向队友递出摄影机后，李国梁毅然割断绳子坠落下去。

在痛失队员又错过了最佳登山日期的情况下，原本已经准备放弃的登山队，听到气象组的最新分析，今年还有最后一个窗口期，于是又一次开始了挑战。这次挑战由伤势刚好一些的方五洲任队长，本来是后勤队的杰布、黑牡丹都补充到了突击队中，在经历了雪崩、低温等考验后，终于在 1975 年 5 月 27 日 14 时 30 分，9 名队员成功登顶。这次登顶，不但拍摄了影视数据，还测量了珠峰的高度，中国的高度。方五洲还找到了 15 年前埋在山顶的五星红旗，让它再次飘扬在祖国的最高点。

电影沙龙

疫情期间，通过亲子之间、同学之间共同讨论电影，让孩子们听到不同人的理解，丰满对电影人物、情节的理解。

问题讨论一：说说你的泪点画面。

问题提示：在整部电影中，有很多让人动容的画面，例如，遭遇雪崩而命若游丝的老队长，弥留之际仍惦记着登山，并嘱托队员坚持下去；方五洲和曲松林再次见面后酒桌前的对话，"如果再有一次机会，你是选择丢掉摄影机保住自己的命呢，还是死都要保住摄影机留下证据？"年轻的登山队队长李国梁命悬一线，千钧一发之际，向队友递出的不是求生的手，而是摄影机，最后割断绳索，把生的希望留给了自己的同伴；在峰顶，方五洲找到 15 年前埋下证物的地方，拧下手电筒壳，鲜艳的红色缓缓流出那一刻……

问题讨论二：阔别 15 年之后，当年登顶的三人再次见面，为什么曲松林热情地拥抱了杰布，而对方五洲只是冷漠地握握手呢？

问题提示：注意聆听他们酒桌前的对话并找到答案，问题的症结就是摄影机。当年曲松林是摄影师，在雪崩中身陷危险，方五洲为了救他而扔掉了摄影机，就是这么一扔，让三人的登顶备受质疑。在 15 年的质疑中，三人心理备受折磨，曲松林认为方五洲应该保住摄影机，不应该营救自己。这是一种重家国使命的牺牲精神，是一种强烈的爱国主义情怀。

问题讨论三：片尾成龙饰演的是谁？

问题提示：片尾中出现了成龙，但因为字幕中缺乏详细的提示，会给同学们理解电影带来一些障碍，从他的自述"1975 年我受伤了，没能实现登顶的愿望，但是我答应过我自己和队友们，一定再回来登上珠峰的"和装着假肢断定他应该是老年的杨光。

综合探究

由历史故事改编而成的电影，银幕上呈现的只是编剧们选择的画面，还有很多感人的故事由于电影时长限制没有展现，你们能否通过课下探究，回答下列问题？

1. 方五洲、曲松林、杰布、杨光的人物原型是谁？

2. 搭在第二台阶上的梯子为什么叫"中国梯"？它是什么时候搭上去的？起到什么作用？

敬畏生命，热血长空
——《中国机长》

江苏省灌南高级中学　潘井亚

电影信息

导演：刘伟强

类型：剧情/灾难

制片国家/地区：中国

上映时间：2019 年

荐影理由

疫情期间，高中学生主要是在家上网课、自学，高三学生的学习更是辛苦。但疫情的变化还是牵动着他们的心，特别是医务工作者冒着生命危险奋战在救死扶伤第一线的壮举更是激荡着他们的心灵，引发他们的思索。

没有从天而降的英雄，只有挺身而出的凡人。我们要引导高中生承担起自己的社会责任，因为人人尽责，社会才能和平、安宁、有序。电影《中国机长》讲述的也是凡人挺身而出的故事，但更需要关注的是为了完成自己的责任，他们做了哪些身体、心理、专业准备，这部电影对学生是一次很好的社会责任教育机会。

观影准备

知识准备

释压与缺氧、安全高度、风挡玻璃破裂。

课程目标

1. 感受社会分工的复杂精细。
2. 激发学生主动承担社会责任的意识。
3. 理解承担社会责任需要的条件。

> **电影精读**

众志成城，各司其职

电影前半段除科普民航运输知识和展现从业人员不易外，尽是美好和日常甚至浪漫，直到风挡玻璃的裂痕改变了一切。整个右侧风挡玻璃突然爆裂脱落、副驾被吸出舱外、刀割般大风灌进驾驶舱、飞机控制组件面板被吹翻、众多飞行仪表报错、整架飞机剧烈抖动，9800米的高空、815公里的时速，机长瞬间面对的是极端罕见的考验。后面的情况也好不到哪里，客舱变暗、指示灯熄灭、物品被吹落、空姐和手推车飞到半空、氧气面罩全部掉下、尖叫声此起彼伏，死神将不期而至。

机长做出了第一时间返航备降的决定。

低温缺氧会失能的机长、被求生本能逼疯的乘客、阻挡下降高度的群山，威胁接踵而至。那30声"四川，8633"揪心的呼叫，更是让人心意难平。机长专注操纵，保持姿态不掉落；第二机长做导航通信计划，替机长搓肩保暖；乘务员临危不乱安抚乘客；空军协调战机紧急避让；塔台调度迫降最佳空域环境；医疗消防救援应急启动。

失联状态下，一幅专业的特情处置集体画，众志成城般的救援就此展开。

> ⭐ **教育启示**
>
> 越是在危难的关头,越需要团结一致,协同作战。电影中机组成员之间各司其职、相互鼓励、相互支持是他们闯过凶险的重要一环。在疫情期间,更需要各方联动,相互配合,相互协作。所以孩子们要培养团结意识、协作意识、团队意识。

业务过硬,闯过险情

业务素养是做好每一职业的前提,每一职业都有职业要求,只有爱岗敬业、业务过硬方能在危机时刻独当一面。

机长是一位"军转民"机长,驾驶技术非常熟练。做事严谨,在上机检查前不放松每一个细节,他说"你认为没错的时候,错往往就会找到你"。机长把职业训练渗透到平常的生活中,比如影片开头机长洗澡的镜头,很多人不明白,以为是卖肌肉的噱头,实际上机长是在水中练习憋气,在日常生活中训练体能。电影用这样一个细节来展示"高空几分钟,地上十年功"的铁律。现实中的英雄机长刘传健,没有飞行任务时,每日都要锻炼、保持体能,风雨无阻,这恰恰是47岁的他有足够体能在驾驶舱风挡玻璃碎裂掉落后、身处零下40多度的舱内、身体被冻伤、极度缺氧、时速800公里气流吹得睁不开眼、仪表部分失灵靠手动操作的情况下,最后成功迫降的重要因素。

从机组角度分析:自信从容,训练有素,通力配合。乘务长在被头等舱的无礼乘客数落"不过是端茶倒水的,哪里来的那么自信"之后,依旧自信地小声和同事嘀咕说,如果同样是在野外生存,最后活下来的一定是她们空乘,因为她们比常人受过更多的专业训练,具备更多的相关技能和知识。

电影拍了大量的机组工作细节,体能测试、碰头会、气象情况了解、吃饭,特别是机组上机后的准备工作。其中真实还原了一个细节,副驾驶半个身体被吸出舱外,严重冻伤,后来被同事合力拉了回来,而令他没有瞬间被抛出舱外的重要原因,就是他系了安全带。这些细节一点都不浪漫,却在紧要关头救了119名乘客的生命。敬畏生命不是一个口号,也不是一句空话,是需要每日体能的训练、日积月累的专业经验和沉着的心理素质为支撑的。没有力量和素质,就没法拯救生命,谈何敬畏生命。

这就是《中国机长》的特别之处,它拍出了职业化、专业化的民航业,在俊美的制服和每日的邂逅之外,更多的是高知识密度和高工作强度。

教育启示

每一职业都有它的职业要求,未来社会是一个高度职业化、高度专业化社会。所以不管以后你们从事什么职业,不仅要干一行爱一行,更要通过学习和锻炼培养自己的业务素养。

电影沙龙

问题讨论一：机长为何能够在遭遇危险的时候成功降落飞机？

从机长角度分析，机长业务纯熟，心理素质过硬。业务能力使他能够在危急关头控制得住飞机，心理素质使他能够在危险中保持理智和冷静，临危不惧、临危不乱，方显英雄本色。

从民航业角度分析，飞机起飞前以及在危机情况发生后，不仅仅是机组人员要与险情搏斗，同时联络的还有起飞地重庆机场、目的地拉萨机场、备降地成都机场，还有空管局、空军等。为了帮助8633航班成功无阻碍地备降成都双流机场，空管局与机场配合，紧急为8633腾出通道。民航业远远不只是坐个飞机吃个盒饭那么简单，背后有一个非常庞大而复杂的体系在支撑。缺少任何一方，都无法保持中国民航处于全球前列的安全运行纪录。

问题讨论二：高三的我们该怎样承担我们的社会责任？

正常情况下，为了更好地承担我们的社会责任，我们最需要的是，积极锻炼身体，主动刻苦学习文化知识。如遇到险情，我们最需要的是沉着冷静，相机而动。

活动设计

让班委设计班级地震逃生方案，班级讨论后，参加学校地震疏散演练。

巡天遥看一千河
——《流浪地球》

甘肃省岷县三中　汪　平　甘肃省中寨镇初级中学　杜淑燕

电影信息

导演：郭帆

类型：科幻

制片国家/地区：中国

上映时间：2019年

荐影理由

《经济日报》评论《流浪地球》:"山挡路了移走,海成灾了填掉,天破了补起来,愚公移山、精卫填海、女娲补天,这些融于中国人血脉中与天地抗争的豪情,与面对末世争生机、寻希望的电影主题异常合拍。影片凸显不惧牺牲的集体主义精神的饱和式救援。首先在于它掐中了观众痛点,成为中国科幻电影攀登世界先进水平的重要标志,满足了中国观众对国产科幻大片多年的期待。更重要的是,影片具有中国特色,是富有中国气质的独特创新。"在全民抗疫的今天,观看这部影片,可以让我们学习英雄情怀,更加懂得珍惜亲情,明白奉献精神和国际合作的重要性。

观影准备

知识准备

1. 了解刘慈欣及其《三体》、郝景芳《北京折迭》、雨果奖和星云奖。

2. 了解《流浪地球》在中国科幻电影发展史上的地位。

电影精读

电影故事设定宏大、想象高远雄奇、叙事荡气回肠,多种矛盾和冲突展现得有条不紊。有叛逆与责任相互冲突的成长主题,有血浓于水的亲情和误会别离的矛盾冲突,有希望和绝望交替呈现的冲突。电影呈现的矛盾在紧扣观众心弦的同时,启发观众对各种重大命题予以思考。

成长

根据情节的发展，电影可以划分为四个部分：

1. 逃出地下城。
2. 救援杭州。
3. 驰援苏拉威西。
4. 奇谋拯救地球。

在第一部分，刘启是一个狂妄的小痞子，为了躲避第二天归来的父亲，他竟然用欺骗的手段，弄到两套衣服，带着妹妹去地面，颇有炫耀之意，叛逆至极，虚荣透顶。称姥爷为"老东西"，称父亲为"混蛋"，没大没小，缺乏教养。

为何英雄的父亲会有这么一个玩世不恭的儿子？说他青春叛逆期吧，已经21岁的人了也应该懂事了。我想他的叛逆应该有如下原因：父母之爱的缺失，把母亲的死亡归咎于父亲，隔代养育的弊端，末日情结的影响。

当然，这部分对刘启成长为英雄也做了铺垫。他是一名维修工，有机会了解机车性能，姥爷又是高级驾驶员，会开运载车让他在以后的救援路上无可取代。墙上的各种挂图，也说明他对高端物理有一定的研究。还有一点就是他真的很聪明，比如第一次就能开动运载车，对付黑社会游刃有余，老是自诩为天才，可能不仅仅是狂妄。离开地下城，一定要带上妹妹，兄妹感情之笃深由此可见。而对家人的挚爱，听姥爷的话，带朵朵回家，成为他回归正途的纽带。还有父亲的影响。

第二部分中，运载车被救援队征用，刘启一行人被迫参加了救援队。这时的刘启,依然很叛逆,他故意对抗一切权威与规则,狂妄、固执而冒失。上楼时由于和队长对着干,又由于一些意外,导致刘子昂和救援队员刚子的牺牲。

这可能是他第一次真正意义上面对死亡。他痛苦地向姥爷表达愧疚,那句"我知道错了",说明在死亡面前他开始反省,当然,他所说的错可能只是指私自离开地下城。他将姥爷的死亡归罪于救援队队长王磊,愤怒地质问王磊为什么不去救姥爷,最后竟然将铁拳砸向王磊。后来就负气带着小伙伴和救援队员分道扬镳。这说明他依然是那个玩世不恭、习惯逃避的叛逆小混混。这时的刘启,还是不成熟,没有真正成长起来。

但是在路上,他们救了被困的李一一,当他向被灾难折磨的、精神濒临崩溃的李一一喊出"我们也是救援队的"那句话时,他的内心是自豪的,那颗流浪的心似乎一下子找到了自己的归宿,他的责任心被唤醒了。所以,当李一一说车上还有火石,而救援苏拉威西的转向发动机才是当务之急的时候,他对着姥爷的车牌神情坚定,他决定当真正的救援队员,救援苏拉威西,英雄的征程就此展开。

在第三部分和第四部分中,刘启的英雄潜质被充分激发出来。他头脑清醒,勇于牺牲,义无反顾。当所有人陷入绝望时,他想到了引爆木星,借冲击力让地球逃逸的办法。同归于尽,胜似坐以待毙。当然,此举最直接的原因是完成姥爷的遗愿,保护好妹妹,带妹妹回家。但是,现在这一愿望和拯救地球这一壮举完全一致了,只有拯救地球,才能让妹妹有家可归。不管怎么说,刘启现在的表现,可歌可泣,完全称得上是英雄之举。在灾难面前,他迅速成长为一个顶天立地的英雄。

最后一段情节，紧张、密集，李一一和老何代表的是人类的智慧，而王磊等人代表的是人类的力量，导演用故事说明，人类的智慧和力量完美结合时，可以创造奇迹。

再说韩朵朵，这个14岁的小女孩儿，代表了人类最柔弱的一面。面对大家拼尽全力，却什么也帮不了。周倩为了救她还有李一一，身受重伤，奄奄一息，但是她只能绝望地哭泣。但是，也正是她的动情播报，才让那么多绝望之中的人看到了希望。导演似乎在说明，人类的柔弱不等于软弱，相反，在关键时刻可以起到巨大作用，因为柔弱能激发人的善意和同情心，片中，它也激发了各救援队员对家园的爱。也许通天塔的建立，正是基于这种爱。

亲情

影片中最让人感动的，就是刘培强父子之情了。故事的开始，刘启对父亲痛恨至极，原因除将母亲的死亡这笔账记在父亲头上之外，还有一个客观因素。父亲走的时候，说只要你看到星星，就算看到了我，但是地球停止自转后，推动发动机所在的亚洲面朝太阳，进入永昼，根本看不到星星，所以他一直说父亲骗了他。

但我认为，刘启对父亲的恨只是表象。俗话说,爱之深恨之切,因为他太渴望父爱了，但由于父亲离开的时间太长，他由渴望而变为绝望，由绝望而产生怨恨。但仇恨是一把双刃剑，在伤害父亲的同时，也在伤害着他自己。所以，刘启的叛逆，与他对父亲的这种矛盾纠结的感情是密切相关的。

后来，父亲要通过自我牺牲来完成拯救地球的任务时，他痛哭流涕，那仰望苍天的一声"爸"，标志着对父亲仇恨的彻底化解，骨肉亲情，让人泪崩。

还有刘启和韩朵朵的兄妹之情，韩子昂和刘启兄妹的祖孙之情，老何母亲写给老何"天冷穿秋裤"的纸条，"流浪地球"计划失败后联合政府全球广播的温馨提示，甚至老马、蒂姆等人在绝望中高呼"妈妈，我要回家"，无不体现着亲情在人类感情中的分量。

牺牲

刘培强父子、CN171-11救援队为了家园勇于牺牲，但电影中刻画的英雄几乎就是整个人类。有两个细节足以说明，刘培强和老马想去控制莫斯的时候，看到空间站有人也发现了莫斯的叛逃行为，并力图制止；刘启等人历经艰险，终于成功地让苏拉威西三号发动机将火焰喷向木星，但同时启动的还有新加坡一号发动机和雅加达四号发动机。再加上影片中提到的饱和式救援，可以看到，面对灭顶之灾，人类空前团结，直面牺牲，义无反顾。

希望

头一天上课时，韩朵朵还对班长的希望论不屑一顾，觉得十分刺耳。但是在经历了生死考验之后，她也十分认同"希望是我们这个年代像钻石一样珍贵的东西，希望是我们唯一回家的方向"这句话，而且说得感人肺腑。当刘培强用一瓶伏特加摧毁了莫斯的重要数据，强行驾驶空间站冲击木星的时候，联合政府也终于认可了他的做法，并且说："我们决定，选择希望，无论最终结果将人类历史导向何处，我们都尊重，并接受。"

相反，当失去希望的时候，人们的反应是怎样的呢？当联合政府提示计划失败、地球即将毁灭的时候，地下城里开始上演打砸抢，群魔乱舞，形同地狱。一个孤苦伶仃的小女孩在那里绝望哭泣，无人搭理。就连经历了生死磨难的救援队员，也有开枪自杀的。

在希腊神话中，潘多拉在好奇心的驱使下打开了那个魔盒，结果盒子里并没有她所期待的东西，而是飞出了瘟疫、忧伤、灾祸等东西，在慌乱与害怕中，潘多拉悄悄地关上了盒子，结果留下盒子中唯一美好的东西——希望。因此，即使人类不断受苦、被生活折磨，但是心中总是留有可贵的希望，才能自我激励。在死亡之前，希望永远存在，人生也绝对充满了美好的希望。

只要地球没有毁灭，希望就是我们回家的路。

电影沙龙

问题讨论一：刘启由一个叛逆青年成长为救世英雄，你觉得这种人物设定是否合理？

学生角度：可能有艺术的夸张，但是转变也是完全有可能的。不要过早对人下结论——叛逆的人，并不一定就注定成为百无一用的废物。学霸并不一定具有救世的思想，学渣也不一定就没有英雄情怀。

家长角度：牵强，如果孩子一直游手好闲，不学无术，他哪有救世的本事？就算有英雄的情怀，也难成英雄的业绩。

老师角度：如果仔细观看影片，我们就会发现，影片对刘启的成长还是做了铺垫，比如小时候和父亲的对话、他家墙上的高端物理图片、爷爷的职业、对家人的真挚情感等，当然，我个人觉得这个铺垫也不是很充分。但是，作为教育者，我还是对叛逆行为一分为二地看，不守规则的背后也许蕴含着其他可能性。

问题讨论二：面对重大灾难，人们应该如何面对？

首先是不能绝望，要有战胜困难的信心。其次是根据自己的情况尽力而为，如电影中刘培强父子、CN171-11救援队等各尽所能，王磊等人代表人类的力量，李一一和老何代表人类的智慧，就算最为柔弱的朵朵，也用她动情的演讲让那么多绝望中的人重拾希望，再度团结。

在这次疫情面前，抗疫的精神领袖钟南山是万众敬仰的，奋战在一线的医护人员和警察是让人钦佩的，逆风而行、驰援湖北的各路英雄也是可歌可泣的，作为普通人听从指挥宅在家里，也是对抗疫工作的支持和贡献。

★ 活动设计

以你自己为主人公写一篇科幻小说，请设计人物、事件、场景、线索……比一比谁的想象力更丰富和精彩。

打破传统，实现梦想
——《摔跤吧！爸爸》

江西省南昌市洪都中学　杨翠云

电影信息

导演：涅提·蒂瓦里

类型：剧情 / 家庭 / 传记 / 运动

制片国家 / 地区：印度

上映时间：2017 年

荐影理由

疫情期间，我们高三同学不得不在家里自学备考。平时想到六月的高考，都免不了焦虑躁动，更何况在这样的疫情期间？那么，在高考备考与报考的过程中，当我们的同学和父母长辈的意见发生冲突的时候，应该怎么办？该不该听父母长辈的话？

我们推荐印度电影《摔跤吧！爸爸》，相信你们从中会找到答案，顺利处理好疫情期间与家人的关系，做好备考工作，考上自己真正属意的大学。

观影准备

知识准备

1. 印度女性地位：由于宗教、历史和文化传统等因素，印度女性在社会中处于极端弱势的地位。

2. 女子摔跤运动的知识。

电影精读

影片根据真人真事改编，讲述曾经的摔跤冠军辛格培养几个女儿成为女子摔跤冠军，打破印度传统的励志故事。故事简单而励志，围绕家庭、理想、教育和传统，呈现了现实传统与信念理想之间、渴望自由的女儿与强制管控的父亲之间、享受的惰性与奋斗的艰辛之间的多重矛盾冲突。

正是电影呈现的冲突给现代社会、家庭教育提供了思考和借鉴。

父亲

影片中，父亲马哈维亚·辛格·珀尕曾是印度全国摔跤冠军，因生活所迫放弃摔跤。他希望儿子帮他完成梦想——赢得世界级金牌，结果却生了四个女儿。本以为梦想就此破碎的辛格意外地发现女儿身上的惊人天赋，看到冠军希望的他决定不能让女儿的天赋浪费，像其他女孩儿一样只能洗衣、做饭过一生，再三考虑之后，与妻子约定一年时间按照摔跤手的标准训练两个女儿。

他不管周围人的嘲笑与否定，逼着女儿换掉了裙子，剪掉了长发，让她们练习摔跤。他克服了现实和传统带给他的重重困难，帮助女儿在摔跤场上赢得了一个又一个冠军。

在同龄的女孩儿已经早早嫁人，生儿育女伺候婆家，在柴米油盐中蹉跎青春的时候，辛格的女儿们却可以在赛场上摔跤博弈为国争光，体验另一种不一样的活法，是父亲开启了她们另一种精彩的人生。

教育启示

上一辈是否应该把实现自己理想的希望寄托在下一辈身上？上一辈的遗憾是否应该让下一辈买单？影片里的父亲给了我们答案：一切都应建立在儿女是否拥有相应的能力与天赋上，还有作为父亲能否为儿女给父亲买单克服困难，提供指导的基础之上。否则，只会引发两代人之间的隔阂与争吵，也不益于孩子的成长。

女儿

女儿吉塔自小就是个倔强的女孩儿,为了保护妹妹和男孩儿打架,被父亲发现了摔跤的天赋,接受父亲的摔跤训练。在父亲的安排下,赢得了一场又一场的胜利,在艰苦的训练中变得自信和强大,成为第一个有资格参加奥运会的印度女摔跤运动员。

在被迫换掉裙子,剪掉长发,还得遭受周围人的嘲弄,加上"暗无天日"的训练强度,她也曾想过放弃,也曾和父亲抗争,直到偷偷去参加同伴的婚礼,听了同伴的倾诉,才意识到父亲和摔跤对于自己的意义。在进入体育大学后,她也曾随波逐流,试图从繁重的训练中解脱出来;也曾以教练的训练来对抗、奚落父亲的训练方法老套。吉塔的人生,由低到高,由高到低,再由低到高。当她处于人生转折点时,她不选择父亲,而选择教练,这并不是她的错,因为刚有机会接触到权威的她还不具备区分能力。但最终她还是在父亲的帮助下,赢得了英联邦运动会金牌。

教育启示

遇到困难时,要不要向家长求助?当家长与老师的意见不一致时,听谁的?这里"女儿"给了我们答案:沟通交流,仔细倾听,理性对比,分析利弊,明确目标,而不是偏听偏信。在儿女遇到困难时,家长要不要介入?怎么介入?"父亲"给了我们答案:适时介入,沟通交流,帮助儿女,寻找原因,提供方法。

现实与梦想

电影中父亲在发现女儿的摔跤天赋后梦想让女儿赢得摔跤项目的世界级金牌，然而首先面对的是印度传统对女性的漠视、歧视与奴役。别人的嘲弄尚在其次，重要的是没有陪练的对手。其次是生活的贫乏，训练摔跤要场地，要物资，这些都需要钱，而他没有钱。当然还有来自妻子、女儿的反抗。

但所有的困难都无法改变父亲的决心，因为信念，因为能力，因为他的梦想是建立在能力之上的。父亲曾是国家级摔跤冠军，被生活所迫放弃摔跤，但他并没有真正放弃，一直关注着摔跤项目的各项赛事，自己有能力，而女儿的天赋给了他希望。一场现实与梦想的较量就此拉开。

教育启示

梦想不可脱离实际，既来自生活，又高于生活。建立在对自身能力的合理预测上的梦想才有实现的可能。梦想一旦确定，就要怀着坚定的信念，寻找突破困难的方法，为实现梦想而奋斗。

电影沙龙

电影中的父亲，为了让女儿帮他完成梦想，就逼着女儿换掉裙子，剪掉长发，不让她们吃油炸食品，不让她们参加同伴的婚礼，天不亮就逼着她们去跑步，还骑着摩托车监督，天黑了还让她们在沙地上和男孩子对摔……

问题讨论一：辛格是个专制的父亲吗？

学生角度：不是，他并没有把自己的意志强加在女儿身上。理由一，虽说他一直想生儿子继承未竟事业，但他并没有轻视女儿们，而是深深地爱着女儿们。理由二，当他在已经放弃为国争光的理想后，意外发现女儿打败了身强力壮的男生，征得女儿的同意后，才带领女儿开始训练，而且说好只有一年，不成则罢。理由三，他不仅为女儿顶住世俗的压力，忍受世人的嘲笑，还想方设法为她们准备营养膳食，增强体质，通过摔跤，帮她们摆脱了乡间印度女性的悲惨命运，让她们可以主宰自己的人生。理由四，进入大学开始选择教练的女儿在比赛中遭遇失败时，还是接受了父亲的训练方案，并最终取得了胜利，这也反映出女儿对他的信任。从中我们可以看出他并不是一个专制跋扈、完全不顾女儿感受的坏父亲。

家长角度：对孩子的爱好或天赋，应该支持并有意识地进行培养；在将孩子的爱好或天赋培养成特长的同时，要培养孩子坚持不懈的品质。

老师角度：将孩子的爱好培养成孩子的特长，家长需要付出很多努力，但有特长的孩子往往更自信，应对挫折的能力也更强。

问题分析：建议把握好尊重孩子的爱好与严格要求孩子之间的度。如果孩子有潜力，并且不反对，在讲明利害关系的情况下，赞成多学点儿教科书以外的知识，不为成名成家，只为业余时间的充实，也许最后并未练得一技之长，哪怕就是个爱好，也能为平淡的生活增添诗意。当然，孩子都是贪玩的，在这个过程中免不了懈怠，这个时候，作为家长一定要以身作则，严格要求孩子，在与孩子充分沟通的基础上，引导孩子对自己的行为进行自我管理。

家校联手：在高考备考期间，孩子本身的压力很大，情绪有时会失控。疫情期间，父母刚好都在家，要配合老师陪伴他们学习，同时自己也要加强学习，还应适当地陪孩子运动运动，帮他们适当地减减压。另外在高考报考方向上，孩子一定要多和父母、老师沟通，倾听父母、老师的意见，毕竟他们是过来人；父母、老师也应根据自己的经验，给孩子提供意见，但不要强迫孩子按自己的要求填报，毕竟他们才是当事人。

我们知道影片最后女儿走出国门，取得了世界级奖项。但父亲却在影片一开始，女儿还很小时，就认定女儿一定能成功。他对妻子说："她们是天生的摔跤手。难道你认为我们的女儿不如男孩儿？"对卖鸡的小贩说："想一下，有一天她们会成为全国冠军，你还担心自己的鸡卖不出去吗？"对体育局的人说："她一定会成功的。"对国家队教练说："她一定会走出国门，代表国家夺得荣誉的。"父亲对女儿一定会成功这种强大的底气到底来自哪里？

问题讨论二：辛格是狂妄自大的人吗？

学生角度：我认为他不是一个狂妄自大的人，而是一个对现实有着清醒的认识，却依然执着于梦想，并为之奋斗的人。首先，他在摔跤上的自信来自曾经的荣耀，这也是他训练两个女儿夺取世界冠军的底气。当年，为生活所迫，他止步于全国冠军，虽让他清醒地认识到现实的残酷，但全国冠军的起点也给予了他更大的梦想——走出印度，获得国际大奖，为国争光；也赋予了他以强大的自信及实现梦想的行动力。这种自信与行动力也由自身延续到对女儿的信心与训练上。其次，他对现实有着清醒的认识，否则他不会和妻子提出一年的试训期。他知道传统社会对女性的偏见，他对嘲笑自己的人选择了忽视，而对嘲笑女儿的人坚决予以反击。最后，他有着克服一切困难的行动力。训练一个世界级的摔跤手，除了好的教练，还需要相应的资金和对手，所以，他和小贩讨价还价，试图说服体育局赞助设备，为女儿设计循序渐进的训练计划，带女儿去参加比赛，在解决资金和对手问题的同时，积累比赛经验。

家长角度：只有建立在以身作则的基础上的严格要求，才能真正得到孩子的认同与尊敬。当我们要求孩子努力学习时，反思一下自己是否为工作而努力了。

老师角度：对学生，要具体问题具体分析，要和家长做好沟通工作，不可独断专行。

问题分析：梦想与现实总是存在冲突的，与现实没有冲突的梦想也就不能称其为"梦想"了，认清现实，积极行动，才能找到通向梦想的路。否则，梦想永远只能是一个无法实现的梦了。

家校联手：对于高三学生，摆在眼前的现实，不利的条件是疫情期间必须在家备考，没有老师面对面的教学指导和关心督促；有利的条件是可借助网络，有自由支配的时间。所以，若想考上自己梦想的大学，就必须自觉学习，根据自己的学习状况选择适合自己的在线教学和资源，实现个性化备考。有问题及时通过网络请教老师。在这个过程中，有能力的家长可以帮助孩子筛选在线教学和资源。

活动设计

影片中，父亲对训练女儿摔跤这件事分析了利弊，并采取了坚决有效的行动。疫情期间，高三同学一段时间内不得不在家备考。这对你而言有何利弊？

请你和家长各拿出一张纸列一列，然后互相交换，比一比有什么异同，议一议化弊为利的方法。

四个春天里的人生往事
——《四个春天》

河南省新乡市第二中学　吴宁宁

电影信息

导演：陆庆屹

类型：纪录片 / 家庭

制片国家 / 地区：中国

上映时间：2019 年

荐影理由

今天给大家推荐的电影是纪录片《四个春天》。电影真实而温暖，解决的问题是孩子们在现在及未来如何处理亲子关系，引导他们学会感知生活中的美好，热爱生活，珍惜与家人的相处时光。

观影准备

1. 知识准备

（1）你知道贵州省的地理环境特点吗？

贵州地处云贵高原，属于中国西南部高原山地，全省地貌包括高原、山地、丘陵和盆地，其中92.5%的面积为山地和丘陵。气候温暖湿润，属于亚热带湿润季风气候，气温变化小，冬暖夏凉，气候宜人。

（2）你知道天井式住宅吗？

"天井"的意思是，宅院中房子和房子或房子和围墙所围成的露天空地，院落四面有房屋、三面有房屋另一面有围墙或两面有房屋另两面有围墙时中间的空地。天井的存在完善了建筑中的通风、采光、安防的功能。在自建房屋中设置天井的住宅称为天井式住宅，在南方多地存在。

2. 活动准备

准备家庭摄影活动：拍摄家人的日常生活。

目的：通过活动使孩子发现家庭生活中细微之处的美好，增进亲子沟通。

电影精读

电影是以真实家庭生活为背景的纪录片。导演 15 岁离开家乡贵州独山，在异乡漂泊，哥哥、姐姐也都在外打拼、生活，只有逢年过节才回家和父母团聚。在 2013 年至 2016 年的连续四个春天，导演架起相机，以结婚 50 多年、恩爱有加的父母为主角，记录家中的日常生活。在这四年的记录里，没有刻意编排的故事，没有复杂跌宕的情节，只有他们温暖、朴素的家长里短和日常生活。在这些日常中，有父母之间的温情互动、各自的小乐趣、家庭里的琐碎事，也有几十年来的回忆和人生的悲欢离合。

特别的老人

电影的中心人物是导演年老的父母，父亲陆运坤，母亲李桂贤。两位老人的三个子女都常年在异地打拼，只有春节才会回到他们身边。和中国千千万万的父母一样，他们会在子女即将归家的时候早早准备好过年的食物，欣喜地接过他们打过来的电话，盼望他们回家；会在他们回家以后念叨最近发生的事情，认真准备年夜饭；会在他们离家之前准备一大堆食物塞满行李。

他们是空巢老人，但是不同于以往空巢老人给人留下孤单、无助的印象，这对老人享受他们的生活，看起来很安逸。电影记录了这对夫妇的日常生活，这些日常，让人感觉有些平常，又有些特别。他们结婚 50 多年，感情很好，相处非常恩爱，还会直接向对方表达爱意。他们有时候会一大早起来相伴去山上摘野菜，走在山路上一起唱歌，偶尔还会跳支舞。他们还经常一起弄花养鱼、郊游、做饭、挖野菜，把生活过得有滋有味。

除了相伴一起做事，他们各自有很多小乐趣：妈妈会缝纫、唱歌、跳舞，做饭的时候也经常唱出声来；曾经是物理老师的爸爸兴趣更加广泛，会用计算机剪辑音乐和视频、养蜜蜂、写春联，还会演奏二胡、手风琴、笛子、箫等十多种乐器，影片中妈妈吐槽爸爸"他有小提琴、锯琴、箫，他才不寂寞"。

教育启示

很多人都听过父母说这类话：爸妈牺牲一切都是为了你；你们过得好一点，爸妈无所谓；你长大要争气，不要像你爸那样……父母把孩子作为生活中唯一的主角，牺牲自己的生活，失去了自我，这会不自觉地增加孩子的压力。作为父母，可以在工作和养育孩子之余，寻找属于自己的乐趣，享受生活时光，发现生活中的美好，给孩子做"热爱生活、感受美好"的榜样。同时，不管是父母、老师还是孩子，都可以从这对父母身上，看到生活中的点滴温暖和美好，感受到在网络时代，依然可以静下心来，学习一样新东西，做一件有意义的事，感受生活无处不在的美好。

温暖的故乡

电影片头展示了几句话："故乡的温度焐热了岁月的寒意，就连浑浊的人声鼎沸也动听"，"当门前殷切的脸庞，被焰火照亮，当饭桌上的家常，比想念更香"。这是一对父母在故乡生活的故事，也是几个游子回故乡的故事。

电影名字是"四个春天",因为绝大多数的情节都是导演在四个春节回家期间拍摄的。在这个家庭,三个子女陆续长大离开故乡,到远隔千里之外的地方求学、打拼,开启另一段生活。他们在东北、在北京有各自的生活,他们在外是孩子的妈妈,是学生的老师,是拼搏的导演,可是回到家里,都只有一个身份——父母深爱的孩子。和中国千千万万个家庭一样,在外打拼的子女只有在春节才会回到故乡,感受故乡的温暖。每次过年,当他们穿越山海回到故乡,和爸爸妈妈欢聚一堂,不管他们这一年在外面经历了什么,都可以暂时放下,吃着儿时的味道,听着父母的闲聊,感受放松和美好。

在电影的拍摄地点、导演的故乡贵州独山,有不同于城市的美丽,让人感觉心旷神怡。陆家的房子是一个带有天井和院子的小楼,天井中央是一个水池,里面养了几条金鱼,院子里种了花椒、迎春花、蔷薇等,房子的天台上还种有邻居送的蜡梅,整座房子静谧而舒适。跟着镜头到户外,能看见熟悉的烟火气、潺潺的溪水、崎岖不平的山路等美景。不同于城市的喧嚣,故乡安静,几乎没有什么变化,不管什么时候回来,这种熟悉的感觉,就像是一直守护着一样,带给人不变的温暖。

教育启示

很多人向往大城市的繁华,认为大城市有更先进的科技、更多的机会和更大的挑战。也有很多人喜欢一句话:生活不只眼前的苟且,还有诗和远方。高三学生正处于意气风发、

> 憧憬未来的年龄，对未来充满了想象。渴望到达远方，看到远方的美景。与此同时，如果他们能够关注身边的美丽，留意故乡的温暖和美好，向往未来的同时不忘珍惜身边的风景，享受当下，不失为更好的选择。

一次次别离

影片中的家庭有三个子女，1964年出生的姐姐大学毕业后留在了沈阳，哥哥音乐专业毕业后留在北京，弟弟，也就是导演本人，在北京漂泊多年。他们都是长年在异地，工作和生活都被绑在距离家乡贵州千里之外的地方。他们每年绝大部分时间在外地工作、生活，只有在重要的节假日才会回到家乡，回到父母身边，和他们短暂相聚，在节日之后离开，坐上离开家乡的车。

电影中有两次送别的场面。第一次送别是哥哥离家回去工作，妈妈在门口目送，爸爸拎着哥哥的箱子，一起乘公交车，一直送到火车站；第二次送别是姐姐去世后，爸爸妈妈在门口目送哥哥和姐姐的儿子一起离开，妈妈说"摄他们去"，之后进门，片刻之后又出来，看着孩子的方向，依依不舍。两次送别时，爸爸妈妈都没有太多言语，但是妈妈眼中的泪花和挥动的手，爸爸无言的相送，都饱含深情。

电影的宣传语是"跨越山海，勿忘回家"。有人说，所谓父母子女一场，就是不断目送他的背影渐行渐远的过程。子女是父母一生的羁绊和牵挂，随着一个人长大、独立，拥有自己的生活，可能会离开父母，甚至远离家乡，或长或短，都面临和父母的一次次别离。

> **教育启示**
>
> 高三学生正处于即将离家的年龄，会考上大学离开父母，会渴望看到外面的世界，他们乐观地向往着未来。可是，长大、上大学的同时也意味着和父母渐行渐远的距离和越来越少的相处时间。电影中的别离是我们真实的生活，也是父母和孩子以后可能会遇到的问题。高三孩子和家长是距离别离很近的群体，珍惜亲子相处时光，充分享受家庭的温暖和美好，这些在将来都会成为珍贵的回忆。

沉重的死亡

电影名是"四个春天"，但是中间加入了一个秋天的片段。就是这个秋天，给这个家庭带来了一些悲痛。2014年秋天，姐姐病重，曾经活泼、阳光的她躺在病床上，脸色蜡黄，身体瘦弱，头发被剪得很短，和以前判若两人。稍微好一些的时候，她就会笑呵呵地对着镜头做鬼脸，比"V"的手势。但是更多的时间，她受到病痛的折磨，身体消瘦，面露痛苦。最终，在那年的11月，她没能扛过病魔，永远离开了人世。

在乐观、坚强的女儿去世之后的很长时间，整个家庭被悲伤笼罩，家人们都陷入了难以言说的痛苦，家里不再飘出歌声。爸爸经常静静地坐着一动不动，妈妈脸上布满了悲伤，哥哥一句话不说，导演拿着镜头的手轻轻抖动。原来生活里的一切都被打破，显得那么凄凉，让人难过。

他们会以各种方式纪念姐姐。他们在年夜饭桌上摆上姐姐的碗筷、看姐姐生前录制的视频。他们会在日常生活中常常想到她、提起她。他们会从姐姐的死亡联想到自己的死亡，担心如果有一个人离开，另一个人在这么大的屋子生活怎么办。他们花了很多时间沉湎于过去，但是痛苦不能一直持续。终于，随着时间的流逝，他们慢慢找回正常的生活。2016年春天，爸爸开始剪辑过去的视频，把一年多没有碰过的、蒙上了灰尘的笛子重新拿了出来，试着养蜜蜂，妈妈又开始种花养鱼，偶尔轻声哼唱，他们重新找回了生活的乐趣。

两位老人是否已经从失去女儿的悲痛中走出来？我们不得而知。悲欢离合是人生的常态，失去女儿给他们带来了痛苦，而生活还是要继续。

教育启示

死亡在很多文化中都是禁忌话题，我们总是尽可能避免谈及死亡。在疫情期间，我们看到病毒带走了很多生命，给很多家庭带来了难以想象的痛苦，死亡成了我们逃不开的话题。电影中姐姐死亡的段落，没有刻意渲染，让人看到了生命的无常，面对死亡的坚强和乐观，也向人们呈现了在亲人离世之后，生者的生活状态。其实，对每一个个体来说，生命教育都是必修课，讨论死亡也是为了让我们更好地生活。了解死亡的意义，肯定死亡带来的痛苦，知道生者依然可以带着希望生活，都非常重要。

电影沙龙

沙龙设计的目的：通过亲子之间、师生之间共同讨论电影，一方面了解孩子对生活、成长、离别等的看法，另一方面通过讨论引导孩子对生活中美的感知。

问题讨论一：如何理解电影中爸爸的口头禅"好玩"和妈妈的口头禅"哉哟"？

问题提示：电影中的爸爸在鞋子坏掉以后，用草把鞋子系起来，还开玩笑地说"好玩得很"。在接触到新奇的事情时，他也经常把"好玩"挂在嘴边。妈妈在听到好玩的事情时经常说"哉哟"（意思是"我的天哪"），笑呵呵的。从这些小细节可以发现，他们很容易满足，会因为生活中发生的一些小事情而开心，能够发现容易被忽略的小惊喜，这些形成了他们开朗的性格特点和对生活的乐观、对事情的豁达。

口头禅反映出我们对生活和世事的态度，回顾自己和家人的口头禅，我们会发现我们每个人对生活的理解和对事情的看法。父母、老师可以和孩子讨论家人的日常习惯用语，增加孩子对口头禅的体验和对电影中父母的理解，引导其充分表达。同时，父母可以结合电影谈论自己的感受，和孩子积极互动。

孩子可能的回答：电影中的父亲说的"好玩"代表了父亲豁达、乐观的心态和对事物充满好奇的童心；母亲说的"哉哟"表明了母亲同样乐观的态度，以及爽朗的性格特点。

问题讨论二：电影中的子女是什么年龄阶段，这个年龄段有哪些特点？

问题提示：影片中，导演和他的哥哥、姐姐都是离家在外的中年人。中年人这个群体可以独立生活，有自己的生活和工作圈子，肩负子女、父母、同事、领导等多种角色，承担奉养长辈、教育子女等家庭责任和来自社会的责任与压力。他们中有很多人没有和父母一起生活，每年绝大多数时间都不在父母身边，只有节假日才会回到家乡，用短暂的时间陪陪父母，又在春节过后离开家乡，来到遥远的外地工作、生活。

在讨论过程中，父母可以从自己出发，让孩子理解自己面临的工作、生活状况，进而引发孩子思考影片中子女的特点。

孩子可能的回答：他们都是四五十岁的中年人，面临生活、工作压力，在外地拼搏，每年只有节假日回到父母身边，和父母相处的时间很短。

问题讨论三：你如何理解电影中多次出现的燕子的镜头？

问题提示：电影中多次出现燕子的镜头。第一次是在第一年的春天，父母金婚50周年前夕，姐姐和弟弟回到家乡，父亲看到燕子回来筑窝，高兴得不得了。母亲还让父亲少高兴点，因为"到时候燕子一走，心又要灰几天"。第二次是在第三年春天，父亲播放2012年的DV录像，视频的配音、剪辑、配乐和解说都是父亲，视频里，看着即将飞走的燕子，他说"它即将飞走了，但是它还是不舍得离开它的老窝"，言语里带着对燕子的喜爱和不舍。第三次是在 2016 年的春天，父母像看老朋友一样，开心地看着回来筑巢的燕子飞来飞去，不时挥舞手臂，模仿燕子飞翔的动作，画面温暖有趣。

燕子是候鸟，在秋天飞走春天又飞回来，它们总是不忘归巢。从母亲说的话中不难发现，父亲每次看到燕子回来都会很开心，在燕子离开后又会有些失落。影片中，燕子象征世事变迁。燕子归来就像孩子归来一样，燕子飞走就像孩子离开了一样，燕子飞来飞去的热闹场面就像孩子回来的热闹一样，燕子喂食的场景，就像父母对孩子的养育和关爱一样。父母对燕子归来的开心就像他们看到孩子回来时候的开心，看到燕子的离去也像看到孩子的离开。

父母本身也是孩子，在讨论过程中，父母可以适当表达自己对燕子飞去又飞回的理解，让孩子打开思路。

孩子可能的回答：燕子和人一样，都是只在家里待一段时间就会走，燕子离开，孩子也会离开。

综合探究

1. 回答问题

由于时间关系，我们远没有讨论完电影中涉及的所有问题，那么看完电影后，你们能否再解答下列问题呢？

（1）如何理解电影中妈妈说的"不要失去了自己生活的能力"？

（2）你如何看待长大后与家人（尤其是父母）的分离？

（3）你认为死亡意味着什么呢？你如何看待死亡？

2. 操作建议

（1）家长和孩子共同观看电影，有助于增进感情。

（2）家长可以适当发表自己的看法，让孩子了解在讨论的过程中学会换位思考，理解父母。

（3）创造宽松的讨论环境，让孩子充分表达，了解孩子的感受。

灾难是对人性的拷问
——《流感》

河南省济源第一中学　　秦　望

电影信息

导演：金成洙

类型：剧情 / 惊悚 / 灾难

制片国家 / 地区：韩国

上映时间：2013 年

荐影理由

今天给大家推荐的电影是《流感》。电影将一场流感造成的人心恐慌、社会混乱，以及韩国与致命感冒病毒展开殊死搏斗过程中人性的光辉与丑恶，小人物的亲情、友情和爱情，用短短两个小时惊心动魄的剧情悉数呈现在观众面前，直击人心，供人们去品评，令人深思灾难与人类社会。

观影准备

1. 知识准备

你知道人类历史上的疫病吗？

新冠疫情让我们联想到千百年来贯穿人类历史的种种疫病——天花、流感、肺结核、鼠疫、霍乱、疟疾、斑疹伤寒、黄热病、艾滋病、SARS、禽流感、手足口病、疯牛病、马尔堡出血热、炭疽、埃博拉病毒、登革热、甲型 H1N1 流感等。人类从过去的一场场灾难中不断学习，不断反省，不断探索疾病的防控与治疗。

你了解美韩军事同盟的相关历史吗？

影片中的作战指挥权是指在朝鲜半岛"有事时"美军驻韩司令部指挥韩国军队作战的权力。1953 年 7 月 27 日朝鲜战争《停战协议》签署，是年 10 月，美韩签署了《相互防御条约》，美国拥有在韩驻军权，标志着美韩军事同盟的开始。次年 11 月 14 日，韩美签署的《对韩军事与经济援助协议议事录》规定，"大韩民国武装力量被置于联合国军司令部的作战控制权之下"。从此，韩国军队的作战指挥权就由所谓的联合国军司令部（实为美军)控制,韩国失去了作战指挥权。美国在韩国保留了大批军队,并建设了很多军事基地。

2. 活动准备

在地上铺上白纸,并在白纸上每隔1米做个标记,最远的6米。

准备一盒胡椒粉。

第一次:一人吸胡椒粉往白纸上打喷嚏,然后记录飞沫传播的距离。

第二次:一人吸胡椒粉打喷嚏,同时用手捂住嘴巴,然后记录飞沫传播的距离。

第三次:一人吸胡椒粉打喷嚏,同时用手肘护住自己的鼻子嘴巴,然后记录飞沫传播的距离。

活动目的:引导学生养成良好的日常卫生习惯。

电影精读

影片的主线是什么?

可能大部分人会认为是男主角姜智久、女主角金仁海的爱情。这样,我们就把一场惊心动魄的灾难大片简单化处理了。其实,这是一部以"事件"为主线展开故事情节的灾难片,形形色色的人都是围绕着流感造成的恐慌事件的发生—发展—高潮—平息编织起来的,围绕事件进展来分析人性的复杂、角色担当。我们可能会悟出更多玄机。

影片的主题是什么？

观众会有无数个答案。看过一篇影评，认为影片极力歌颂"正义感和人性美"。什么是主题？《辞海》解释，主题又叫"主题思想"。文艺作品通过描绘现实生活和塑造艺术形象所表现出来的中心思想，是作品内容的主体和核心，是文艺家经过对现实生活的观察、体验、分析、研究，经过对题材的提炼而得出的思想结晶，也是文艺家对现实生活的认识、评价和理想的表现。

《流感》或许呈现给我们的就是灾难事件中人性的复杂性、冲突性、矛盾性，恐慌来临时选择的艰难性，让观众自己去思考，去品味，去选择。

影片中谁是英雄？

灾难来临时，一个国家和社会，总会有英雄涌现。那么，什么是英雄？网络上给了这样的解释：指才能勇武过人的人；指具有英勇品质的人；无私忘我，不辞艰险，为人民利益而英勇奋斗、令人敬佩的人。

谁是2020新冠肺炎疫情中的英雄？简单说，为国为民，危险时冲锋在前，困难时无私奉献的人都是英雄。大人物可以是英雄，小人物也可以是英雄。以钟南山为代表的专家是英雄，"逆行"的医护人员是英雄，为减少人们外出风险而走街串巷送货的快递小哥是英雄，那些冒着生命危险坚守岗位的政府工作人员是英雄（影片中女医生金仁海对崔智久说，那不是你的职责吗？这是最伤人的一句话），为新冠肺炎患者捐献血浆的宗建等人是英雄，"雷霆救急"的韩红等人是英雄……宅在家里学习的学生是不是英雄呢？个人理解，应该是配合政府不添乱的、守规则有责任心的好孩子。人人都是英雄，这种提法似乎颇得人心，却使英雄泛化，失去它应有的光华。

从英雄主义来说，电影中有些人应该被冠以英雄的头衔，无私救助的崔智久是英雄，坚决反对美机轰炸的韩国总统是英雄。这不会有太大疑义。

那么，身体里存活着抗体病毒可以救活更多人的金美日，是不是英雄？保住女儿的生命的金仁海，是不是英雄？为兄弟情奋不顾身杀死抗体的小混混，是不是英雄？这些，恐怕很难有统一答案，会引起学生激烈的辩论。

电影沙龙

问题讨论一：当病毒在盆塘蔓延开时，全国民众赞成政府封锁盆塘的支持率只有35%，当军队开枪镇压暴动群众，封锁盆塘的支持率反而上升到96%，为什么？如果是你，你是那96%中的一员吗？

问题提示：这是一个我们必须直面的问题。当灾难发生在电视里和即将波及自身生命安全，人们会做出同样的选择吗？民众投票的依据是什么？是自身生命安全，还是盆塘少数人的生命安全？少数人的利益需不需要被维护？如果你是这少数人中的一员，怎么办？

20世纪经典著作《自私的基因》论证了人生来是自私的，关于人性本善还是人性本恶是一个争论了上千年的哲学命题，在可以预知的未来还会继续争论下去。人的本性不管是私还是公，后天环境对人的引导和培养无论如何不可忽视，这也正是世人需要不断自我追问的原因之一。当流感遇上人性，它会是灾难，但也正因为人性，灾难终究会被化解。这是人性最令人寒心，也最令人温暖的部分。

著名心理学家弗洛伊德的精神分析理论提出意识分为三部分，即本我、自我、超我，构成了人的完整的人格。简单来说，本我是人的本能，超我是我们的理想化目标，自我则是二者冲突时的调节者。在特定的历史时空维度里，人人皆有可能超我。

问题讨论二：如何看待电影中的亲情、友情和爱情？

问题提示：亲情历来为国人所重视，女主角母爱的勇敢诠释了亲情的可贵，同时也展现了母爱的自私，为了救女，不惜污染放有抗体血清的实验室，不惜牺牲男主角的生命。这是人性的矛盾。影片中那个士兵的妈妈哭着不让儿子过来抱自己的时候，怕因自己染病连累儿子，不惜牺牲自己的生命。这才是真正伟大的母爱！因为，她没有因为爱自己的儿子而侵害他人的利益。

感染者的哥哥为了亲情，隐瞒集装箱的事，不说实话，在医院捣乱，殴打医生，甚至杀了无辜的抗体孟瑟，间接害死多少民众？这样的亲情实在可怕。

因亲情而做出某种违规之事可以理解，但不能超越法律、公德和人伦的底线。

有一个历史小故事：尧是一代明君，提倡以孝与法治天下，有人问尧，如果你的父亲犯了法你会怎么做？尧说：我先按照法律判决我的父亲，然后晚上弃官，背着父亲逃走。这样就能法律和孝道两全了。按照法律判决我的父亲，这样我就做出了依法判决，所以我是按照法律办事的，绝对没有因为犯法的人是我的父亲，就减轻惩罚。我的父亲，养育我长大，我不能眼睁睁看着他受惩罚，所以我要背着父亲，弃官逃走，这样，就能忠孝两全了。

友情，朋友之间的感情。"实即人与人之间的一种良好的关系，其中包括了解、欣赏、信任、容忍、牺牲……诸多美德。"古今中外，人们都在歌颂伟大的友情，高山流水遇知音的俞伯牙和钟子期的友情；因为有一致的世界观、价值观，恩格斯资助马克思完成伟大事业而凝成的革命友情，令人羡慕不已。影片中的男主角何其幸也，他的同事朋友救助队员敬烨，在男主角ID卡被搞走后，他投靠了指挥官全国焕，送全国焕出隔离区后帮朋友拿回了ID卡，又不顾危险把朋友的ID卡送到确认传染区，他在全剧中始终如一地保护着朋友。这是灾难中一抹人性的光辉，照亮人心的朋友情。

当男主角得知女主角有过婚史并有孩子时没有放弃，爱就要接纳，不仅喜欢她的美，也要接受她的缺陷；当母女面对死亡威胁时男主角挺身而出，舍生忘死保护母女二人，自然有男主角的高尚的英雄主义人格因素，如果男主角没有爱上女主角（也有被小女孩的天真和善良打动的成分）会冒这么大的风险去救她们吗？一般人见到这种情况早就逃之夭夭了，毕竟恋爱还没开始呢，没理由为母女负责，这种经历了死神考验的情感才是真爱。

问题讨论三：从男主角姜智久、女主角金仁海、总统、总理、美国指挥官、军人的行为，你如何认识职业伦理？

问题提示：职业伦理指职业活动中的伦理关系及其调节原则。它的核心是恪尽职守、服务公众。

"没人知道你是救助队员的。""可是我知道啊！"看完电影，男主角和女主角的对话在我脑海中久久萦绕，救助队员姜智久从始至终都是无私地去救人，大义凛然，用行动为真正的职业人正名。金仁海的母爱令人感动，但作为职业医生的专业形象却大打折扣。

被美国直接架空了指挥权的总统顶住压力，不惜冒犯美军上司也要拯救民众，是个负责任、有担当的领导人。韩国总理是由韩国总统任命的，作为总统的主要行政助手，在总统的领导下监督各部工作并管理国务总理室。为了保证首尔不被传染，他以下犯上，下令开枪，是个和美国同流合污的带路党。

美国指挥官，下令军队开枪，在被韩国总统阻挠后甚至命令美军轰炸机直接攻击民众，他服务的民众不是韩国民众，也没资格代表世界民众，为了阻止盆塘民众反抗，必须诉诸子弹吗？

服从命令是军人的天职。在军官下令射杀民众时，他们先把子弹打在地上警告民众，而没有直接攻击，突显了人性的一面。这也是他们能做到的最大限度的保护措施了。

用专业精神恪尽职守、服务公众是职业伦理的核心。新冠疫情中"逆行"的职业人，难道都是自愿的吗？不一定，只要他们肯服从安排，冲到一线，用自己的专业精神恪尽职守、服务公众就是遵守了职业道德，应该点赞。

综合探究

1. 回答问题

由于时间关系，我们远没有讨论完电影中的所有问题，那么看完电影后，你们能否再解答下列问题呢？

（1）女主角金仁海为什么会成为单亲妈妈？

（2）唯一存活的偷渡者咳嗽的时候为什么总是捂着嘴？

（3）如果小女孩金美日没产生抗体，政府可能怎么做？如果你是领导人怎样决策？

（4）被传染的指挥官全国焕声称"只有让首尔的人都被感染了，大家才会得到救助"，群众在极端分子带领下，到首尔和大家同归于尽，这件事你怎么看？

（5）你认为，事后这个总统支持率会飙升还是下降？

（6）如果若干年后疫情再度发生，你如何保护好自己和家人，并恪守职业伦理？

2. 问题征集

如果你有奇妙的想法，请在下方写下你的答案来，比一比谁是最厉害的那个人。

后 记

2020年，必定是载入史册的一年，我们的国家、民族、每一个人都经历了一场严峻的大考。当新冠肺炎确诊的数字在不断攀升时，可以想象疫情重灾区的湖北、封城之下的武汉面临着怎样的一场生死较量。全国上下所有人都在为这场疫情战斗，甚至是以牺牲生命为代价。

经历这次突发事件的孩子也在快速成长，他们在网络上进行各门课程的学习，但内心深处会有茫然、焦虑、害怕等情绪，正常的学习与生活受到挑战。在这个超长假期里，每个孩子首先都要学会对自己负责，他们要面对的不仅是学习方式的变革，更重要的是学习习惯的养成、良好心态的调整以及情绪的管理和控制。这时，会学习、自控能力强的孩子就会显示出强大优势，而那些依靠家长督促、老师看管的孩子无疑会被"大浪淘沙"。

我认为，把灾难当教材，与祖国共成长，是这次疫情教育的重大主题。

那么，我们能为战胜这场疫情做些什么呢？2月29日晚上9点，我在微信上接到湖北省第二师范学院刘永存院长的邀请，询问能否为湖北省班主任培训设计中小学电影课程。湖北省疫情虽然不容乐观，但是湖北省的广大师生比想象中的更加努力和坚强，停课不停学，"武汉加油""武汉必胜"成为他们强大的精神动力。

我接到这个任务既激动又紧张，激动的是可以为湖北省抗疫做出一点贡献，紧张的是如何在极短时间内把电影课程设计好，从而为在疫情中奋战的老师们和孩子们提供高质量的电影课。疫情就是命令，两天后，我初步设计出了从小学一年级到高中三年级三学段九阶梯的电影课程体系提纲。这一体系围绕疫情期间培养中小学生的重要品质设计了六大主题——自我认同、家国情怀、社会责任、生态文明、家庭关系、家校共育。围绕六大主题为不同学段的孩子精选最适合他们观看的电影，我们希望通过这个电影课程培养孩子们在特殊时期强烈的国家认同感，承担相应的社会责任，处理好各种关系，深化生态文明观念。

这个体系设计容量大，需要设计课例、制作课件、录课并剪辑制作，要做出高品质的电影课程需要更多的人共同完成。这一活动受到河南省济源市第一中学领导班子的高度重视，支持湖北，义不容辞。本课程的研发也得到众多全国一线教师和校长的支持。尤其在"晓琳电影课程工作室""济源一中8+1工作室""王磊名班主任工作室"的共同推动下，大家不分昼夜，反复磋商，两周时间研发出适合疫情期间教育的"生命中的电影课"小学、初中、高中三学段课程。

本课程体系受到湖北省教育厅的高度认同，经层层严格审核作为对湖北省班主任培训正式课程"一周一电影"向全省中小学班主任推送。很快，本课程也被选为教育部疫情期间全国班主任、教师培训的线上课程，并向全国师生推送。

驰援湖北、支援全国，这一活动也受到大象出版社的鼎力支持。经过严格审核与指导，大象出版社为课程支援湖北提供了绿色通道，以最快的速度、最专业的团队、最高的效率支持本套丛书及时出版，争取尽快送到湖北师生、全国师生手中。

疫情既是现实的灾难，更是对孩子极好的教育契机和素材，我们希望通过"生命中的电影课"，为全国师生和家长提供适宜的课程资源，在电影故事中增强孩子的生命意识，提升他们的国家民族观、生态价值观，培养出强烈的社会责任感，成为有担当、有理想、有信念的时代新人。

暗夜莅临，但你就是星光！

曙光破晓，必有你的一份微芒！

王晓琳